La red de Jonás

JORGE RUFFINELLI

LITERATURA E IDEOLOGIA:
EL PRIMER MARIANO AZUELA (1896-1918)

La Red de Jonás PREMIA EDITORA 1982

Diseño de la colección: *Pedro Tanagra R.*

Primera edición: 1982

© Jorge Ruffinelli
© Premià editora de libros s.a.
RESERVADOS TODOS LOS DERECHOS

ISBN 968—434—219—5

Premià editora de libros s.a.
c. Morena 425 A, México 12, D. F.

Impreso y hecho en México
Printed and made in Mexico

I. AZUELA: LITERATURA E IDEOLOGIA

La obra de Mariano Azuela (1873-1952) es una de las más importantes de nuestro país; este aserto no pretende hacer uso de un lugar común, ni inscribirse en el repertorio de frases para destinatarios intercambiables. Quiere poner su énfasis en la *importancia* que su narrativa tiene para el desarrollo de la literatura mexicana en el siglo XX, así como para el conocimiento de la realidad histórica de las primeras cinco décadas de esta centuria. Lo que sí resulta ya lugar común es señalar que el siglo XX adviene en México no en 1901 sino en 1910, no por el afán de la cronología centenaria sino por un hecho que transformó la situación económica, social, política y cultural del país: la Revolución. Mariano Azuela tenía treinta y siete años cuando el 20 de noviembre se inició el levantamiento de Madero. Y entonces era maderista, como años después sería partidario de Villa y enemigo acérrimo de Carranza. Estos solos datos son para señalar que en su vida política (no demasiado extensa, ya que, derrotado el villismo, se sumergió en la ciudad de México y se dedicó a su profesión médica), Azuela tuvo convicciones y ningún temor de trasladarlas a la literatura.

El ejemplo de Azuela es uno de los más interesantes para estudiar la relación entre literatura y sociedad, literatura y política, literatura e ideología, si no nos conformamos en tomar su obra como documento, como "espejo" de su tiempo,[1] sino más bien como expresión personal de un intelectual de gran inteligencia, muy dotado artísticamente, pero al mismo tiempo limitado por su visión del mundo, sus intereses de clase, su formación cultural.

Podríamos decir que hacia comienzos de siglo hay en nuestro país una ideología (dominante) de clase, y que las obras literarias reflejan y son expresión de esa ideología que pasa por el tamiz de la "ideología del autor". Azuela había nacido de una familia perteneciente al sector de la pequeña-burguesía pero eso no significa que estuviese condenado a expresar siempre la visión de su clase. Como señala Claude Prévost, "la idéologie qui domi-

7

ne dans una ouvre n'est pas détérminée mécaniquement par l'origine de classe de l'écrivain".2 De modo que la relación literatura e ideología no puede ser sencilla en ningún caso, tampoco en el de Azuela. Aun así, vale el riesgo tratar de leer su narrativa a la luz (y sombra) de las ideas y prejuicios de su tiempo, considerando las propias y el hecho de que el autor deliberadamente hiciera de sus novelas una palestra, un espacio de representación artística en que la ideología, lejos de ser un tabú, aparece en la dinámica de sus contradicciones y de su vitalidad. Y me refiero no sólo a que en sus novelas aparecen las luchas ideológicas de su tiempo (religión y liberalismo, caciquismo y populismo, facciones políticas, etc.) encarnadas en personajes e historias, sino que las propias tendencias detectables en su narrativa hacen que ésta sea expresión de actitudes, convicciones, ideología.

Un estudio de las tensiones sociales o políticas de México a comienzos de siglo no podría "confiar" en que las novelas son representaciones objetivas de tales tensiones, y que basta extraer de ellas la información, el dato o la simple configuración temática de esos problemas. Y tampoco podríamos tomar la obra literaria como una mera expresión voluntariosa del autor, con exclusión de las influencias culturales o políticas que recibe por el simple hecho de estar viviendo en un tiempo determinado y en una sociedad específica. En ambas vías lo ideológico actúa en la obra, al punto de que ésta no es sólo depositaria de la historia inmediata sino ante todo un producto de esa historia.

Me he referido varias veces, hasta aquí, al término *ideología* sin precisar en cuál de sus acepciones estoy utilizándolo. Este término adaptado a las ciencias sociales, o al estudio de la literatura, o a la reflexión filosófica, es inevitablemente equívoco a menos que entremos en la polémica de sus significados. Respecto a las variaciones de sentido que la palabra ideología tiene en Marx y Engels, Prévost determina cómo debería entenderse de acuerdo con *La ideología alemana*: "l'idéólogie apparait comme tout reflet inversé, déformé, fragmentaire, mutilé, du réel. Dans cette acception l'ideologie s'oppose a la conscience vraie, a la connaisance".3 En esta acepción, el término ideología connota un sentido obviamente negativo. En la segunda esa negatividad se subsume en la perspectiva de clase: "Au deuxieme sens, l'idéólogie est conçue comme *expression*: expression epontanée d'une classe et de sa pratique, reflet simple projeté mécaniquement par le jeu des infrastructures".4

Es claro que estamos aquí tratando con definiciones, es decir con reducciones conceptuales de un tema muy complejo y ambiguo cuya totalidad sin embargo escapa a cualquier pretensión de encasillamiento. Lo cierto es que el marxismo se opone a reducir la ideología, como señala Prévost, a un "sistema de ideas": de ahí que, siguiendo en parte a Althusser, concluya en que "Une ideologie n'est donc pas seulement un systeme d'idées mais aussi un ensemble structuré d'images, de réprésentátions, de mythes, déterminant certains types de comportements, de pratiques, d'habitudes, et functionnant (. . .) comme un véritable inconscient".5

En este sentido, habría que añadir, la ideología se comporta no como un engaño deliberado, por intereses de clase que existan detrás suyo, sino como convicciones que se defienden muchas veces hasta la muerte, ya que ella se confunde totalmente con la "verdad". Curioso mecanismo en el que tiene que ver el aspecto económico (infraestructural) pero que no existiría sin los recursos de la vida síquica. De ahí que una de sus "leyes" fundamentales, como es la de concebir ciertos valores como universales, lo histórico como intemporal, se advierta operante, presente, tanto en la vi la cotidiana como en la literatura, donde esos valores son los del autor o los de un sector social. Lo ha observado con claridad Luis Villoro: "el modo de pensar ideológico lleva a convertir conceptos que sólo responden a relaciones sociales determinadas históricamente, en conceptos válidos universalmente".6 Aún más: Villoro coincide con Prévost al subrayar el funcionamiento inconsciente de la ideología:

"La ideología se expresaría, pues, en una falsa generalización, por la que se presentan como universalmente válidos ciertos conceptos sobre la realidad y ciertos valores que rigen en una formación social dada, cuya vigencia corresponde al interés de dominio de una clase. Este no es un proceso consciente, semejante al engaño deliberado o a la mentira, sino una operación espontánea de la que rara vez se percata el ideólogo. Notaremos que hay una analogía entre esta operación mental y la 'racionalización' de los deseos inconscientes que años después descubrirá Freud. En ambos casos se expresan en enunciados de pretendida validez universal deseos o intereses particulares inconscientes; en ambos casos, esa operación tiene como resultado justificar racionalmente y, por ende, legitimar la vigencia de esos deseos o intereses. Con todo, las diferencias son también notables. La 'racionalización' se refiere a impulsos o deseos individuales y cumple una función sicológica en favor del individuo. La 'ideologización' se refiere a intereses objetivos de un amplio grupo de personas y cumple una función social en favor de ese grupo. La primera puede descubrirse examinando las expresiones individuales, la segunda analizando las creencias comunes y la posición social de un grupo".7

Estas comparaciones y distincioncs de Villoro nos colocan en una senda posible del análisis literario aunque no se lo propongan. Porque las "creencias comunes" y la "posición social de un grupo" (así, la pequeña burguesía profesional en el México de la primera década) podrían rastrearse en la obra misma, es decir, en lo que aparentemente es proyección de deseos, intereses, observación, etc., de un escritor, pero que responde también a su posición y actitudes dentro de la tensión social.

En el estudio de la narrativa de Azuela que aquí me propongo, la mira es diseñar algunos rasgos fundamentales de la ideología del autor, *tal como esos rasgos se conforman en la obra literaria,* pero entendiendo que ellos no son privativos del escritor como individuo sino que están imbricados en la propia tensión de su vivencia social. Dicho aún más claramente ya que estoy refiriéndome al caso concreto de Azuela, es sabido que los valores de su formación intelectual se corresponden con los de la pequeña-burguesía a la que pertenecía por origen, profesión, modo de vida, etc., pero esto no quiere decir que Azuela fuese un representante absoluto de ese sector sociopolítico. Es más: su oposición a muchos de sus valores explícitos y a innumerables hábitos, conductas y actitudes va a ser el nervio motor de la producción literaria. En sus novelas escarneció abundantemente, sin restricciones, al sector social que era el suyo, a las "familias decentes" que se vieron desplazadas por la tormenta revolucionaria, o a los conductores y líderes (carrancistas) que escondían bajo un falso populismo el interés de clase. Azuela vio emerger los sectores medios en la vida del país y tomar posiciones de poder distorsionando el curso de la Revolución. Fue ácido, sarcástico, caricatural con ellos. Y no obstante en sus libros, no sólo en los temas o en las intervenciones "omniscientes" del autor, también en la estructuración narrativa y en el lenguaje mismo, es posible advertir que los valores y conceptos fundacionales de la pequeña-burguesía perviven en él. Y no sólo perviven: son defendidos por encima de la verdad histórica (y novelesca) como tendencia inevitable.

Michael Löwy ha reflexionado seductoramente sobre este problema ("¿Cómo se vuelve anticapitalista un intelectual? ¿Cómo se radicaliza la inteligencia?"), y aunque no correspondería adaptar su reflexión estrictamente a Azuela porque él no devino nunca en marxista, su explicación puede servirnos para comprender el *vuelco* de la actitud de clase de cualquier escritor. Dice Lowy que el intelectual asume una posición supraclasista cuando los valores establecidos por la burguesía son traicionados por ella; degradados y puestos en tren de desaparecer. "El universo cuantitativo está constantemente en expansión, amenazando con absorber y desnaturalizar los valores cualitativos, con disolverlos, digerirlos y reducirlos a su valor de cambio". De modo que, "los intelectuales, por su alejamiento de la producción material y sobre todo por la naturaleza misma de su categoría social (definida por su papel ideológico), son el grupo de la sociedad para el cual las ideologías y los valores tienen la mayor importancia y el peso más decisivo. En consecuencia, nadie más que los intelectuales, ha 'tomado en serio' los principios, valores e ideales del humanismo burgués, del Renacimiento a la filosofía de las Luces y al idealismo clásico alemán. Ahora bien..., la burguesía se ha visto obligada, una vez en el poder, a actuar en contradicción con su propia ideología, a negar, degradar y abandonar en la práctica los valores que no había dejado de proclamar como suyos. En nombre de estos principios humanistas, la inteliguentsia se vuelve entonces contra la burguesía y el capitalismo..."8

En lo que se refiere a Azuela, hay, como señala Löwy para el caso de los ir. electuales europeos, una actitud de rebeldía frente a. s·· ,.opia clase por la degradación que ésta hace de sus valores. Pero como cualquier lectura de *Los de abajo* dejaría comprobar, Azuela no asumió una óptica diferente, la del campesinado, no cambió de piel ni externó verdadera simpatía por los desplazados sociales. "Los de abajo" fueron objeto de desprecio por su elementalidad, por su incapacidad de asumir valores, como lo era la burguesía por la distorsión y corrupción de los mismos. En ningún momento Azuela se aleja de la visión del mundo impuesta por la ideología pequeño-burguesa: sólo que ésta entra en crisis con la Revolución del 10 y Azuela se sensibiliza ante esa subversión de valores e intenta, con la apertura crítica de sus novelas, restaurar el orden ideológico. En uno de los mejores estudios que han aparecido sobre este tema, Angel Rama se refiere al "lugar" de Azuela: "Mariano Azuela pertenece a una familia de la clase media provincial. Dentro de ese ambiente, haciendo suyos sus ideales, se formó y vivió hasta la tormenta revolucionaria. Su realismo franco, su sabroso sentido nacional, su emocionalismo pequeño-burgués, su esquema moral rígido, su respeto del orden, del trabajo, de la precisión, tienen su origen en ese ambiente del que salió". Y luego: "Aunque Azuela, como dijimos, mantiene con su ambiente social una relación que no es de mera dependencia sino crítica, también hace suyo el orbe ideológico en que ha nacido, al que subrepticiamente maneja en su creación narrativa".9

Para estudiar cómo se manifiesta esa ideología en la producción intelectual de Azuela —ideología dominante, ideología del autor, finalmente ideología del "texto", más acá o más allá de la ideología del autor—, me he propuesto tomar su obra desde los comienzos (1896) hasta que, con *Las tribulaciones de una familia decente* (1918) cierra su propio ciclo temático de la Revolución Mexicana. Hay en ese periodo de veintiséis años (desde su primer cuento) o de once (si tomamos como origen su primera novela, *María Luisa*, de 1907), diez novelas de diferente extensión en las que el autor ha emprendido la crítica de su tiempo, y de los grupos sociales que con la Revolución asumieron el poder. Se encuentra en todas estas novelas una caracterización constante: su referente es el estricto presente histórico. Azuela asume la función del cronista de los eventos sociales de la época, dándole a esa función una gran dignidad ética y una alta calidad artística. Esta inmediatez histórica es un riesgo que corre el novelista si no fuese que su seguridad está basada en las hondas convicciones liberales conformadoras de su ideología. El furor moralista, la indignación mezclada con sarcasmo con que critica las pequeñeces provincianas de la fatua burguesía (*Los fracasados*, 1908), el lati-

11

guillo de la denuncia dedicado a fustigar a los caciques (*Mala yerba*, 1909, *Los caciques*, 1917) y la visión cada vez más decepcionada de la Revolución (*Andrés Pérez, maderista*, 1911: *Los de abajo*, 1915) por la formación de una nueva clase oportunista (*Las moscas*, 1918), mientras se reacomodan los antiguos grupos desplazados por un cambio que en verdad no era tal (*Las tribulaciones de una familia decente*, 1918), todas éstas son modulaciones de un mismo pensamiento, de una concepción del mundo que se enriquece con los años ampliando los recursos artísticos, pero que se sostiene sobre pilares distorsionados, sobre una ideología.

En la primera parte intento revisar las influencias concretas que la ideología del naturalismo francés ejerció en la producción de Azuela vía *María Luisa*, su novela de 1907. Ya están allí algunos de los rasgos principales de su visión de la realidad, que sufrirán obvios cambios posteriores. En una segunda parte me propongo revisar las actitudes de Azuela en tanto crítico de su sociedad y enfrentado al fenómeno político de la Revolución. Varias novelas son generosamente ricas con sus materiales en este sentido, ante todo *Los fracasados* y *Mala yerba*, así como otras, ya mencionadas, que publica casi simultáneamente alrededor de 1918. En la tercera me detengo en el estudio de *Los de abajo*, porque no sólo es la novela más compleja desde una perspectiva ideológica (en cuanto a posibilidades de análisis de su ideología) sino la más intensa artísticamente, tal vez la mejor. Y finalmente intento ver en las novelas del 18, en particular *Las tribulaciones de una familia decente*, el intento de recomposición clasista de los "sobrevivientes" de la Revolución, y la actitud de Azuela ante este nuevo haz de situaciones.

Además de las novelas y cuentos, he utilizado diversos textos autobiográficos (no fueron en particular autocríticos) que Azuela escribió sobre sus novelas a medio siglo de haberlas publicado. A menudo lo que él dice de aquellos textos recorta y destaca lo que de ideológico había en sus novelas, merced a la insistencia, al subrayado, de valores que hoy (y también en 1950), ya no son vigentes ni legítimos pese a su aura de intemporalidad.

II. LA HERENCIA DEL NATURALISMO

"Impresiones de un estudiante", breves textos publicados en 1896, parecen haber sido los primeros que Azuela escribió. Se corresponden con sus años de estudiante de medicina (1892-1899)[1] y precisamente el último de ellos relata una anécdota que será luego convertida en el desenlace de *María Luisa* (1907), su primera novela. Un grupo de estudiantes, en su recorrido de hospital, se acerca a la cama de una moribunda. "Tendrá apenas veinte años", acota el texto, para contrastar esa edad con la consunción física de la muchacha, que aparece descrita como una piltrafa humana. El profesor enseña a sus alumnos los estragos de la "tuberculosis, alcohol, neumonía", hace unas pocas preguntas y continúa su camino, pero ella se queda rumiando los recuerdos de un pasado idílico. "¡Ah! Qué feliz era cuando vivía en su casita pobre pero honrada; ahí al lado de su madre y un pequeño hermano. Trabajaba en un taller de medias y proveía el sustento de su pequeña familia" (II:1027).[2] A punto y seguido el texto cuenta cómo esa felicidad estaba edificada sobre la fragilidad del instinto humano. Bastó que apareciera en su vida un joven "guapo, galante", hijo del dueño de la fábrica, para que todo se hundiera como un castillo de naipes. Ella se marchó a vivir con él y cayó en la "deshonra". Después, el tránsito es previsible (y su relato omitido como tal en el texto de Azuela): el alcohol, la prostitución, la enfermedad y la muerte. La vuelta de tuerca final del breve episodio hace que uno de aquellos practicantes la reconozca, ya en la autopsia, y derrame una lágrima por ella: él la había hecho perderse con la gratuidad de su vida galante.

Este texto, que sigue fielmente los resabios de la literatura romántica y del naturalismo en boga, dentro de su costado más melodramático, es de notable elocuencia para exhibir —quiéralo o no— los valores morales de su tiempo y de una clase: la pequeña burguesía. Cuando Azuela retoma este texto y elabora una novela "hacia atrás", partiendo de la conclusión, el mensaje ideológico no sólo permanece sino que se enfatiza. Si la enfermedad y la muerte aparecían como el resultado de la disipación, aun considerando la relativa "pureza" del personaje, el reconstruir morosamen-

13

te los antecedentes (la vida de la muchacha) para llegar a la *misma conclusión*, evidencia el propósito programático de Azuela desde un punto de vista narrativo y desde el punto de vista de los valores que pretendía criticar o defender.

Dado que es uno de sus textos más rudimentarios estilísticamente, el primero y más primitivo dentro de una larga trayectoria narrativa, se le ha "perdonado" a Azuela; y eso es un error. Un error porque en rigor el mundo de Azuela está ya en él: el futuro le dará la oportunidad de corregir en cierta manera el rumbo, ponerlo en crisis y hacerlo madurar en lo artístico y en lo humano, pero sin romper drásticamente con su visión de la vida, que está plena en *María Luisa*. No podemos olvidar que Azuela tiene sólo 23 años cuando escribe "Impresiones de un estudiante", pero al emplear aquel texto y darle valor conclusivo en *María Luisa* (al menos en la fecha de su publicación), es un hombre formado y sus valores poco habrán de cambiar en sustancia. Lo interesante es advertir cómo la historia de México hace temblar esos cimientos ideológicos, cómo los mueve en ramazones de indignación social, cómo provoca ciertas tomas de conciencia, sin llegar en el fondo a grandes modificaciones. El arte, en cambio, será más perfecto y logrado. Y el arte esconderá con mayor habilidad —en la medida en que asume complejidades— la debilidad de una ideología como la mala conciencia de un escritor honesto que vive con dolor la ascensión salvaje de su clase social sin estar de acuerdo con ella.

Al nivel de la historia narrativa, *María Luisa* desarrolla la ideología implícita del autor: María Luisa sale de su casa, abandona madre y hogar empujada por el instinto amoroso, fracasa en la constitución de un nuevo y propio *hogar* y entra en el declive de la enfermedad, la mala vida y la muerte. Las instancias de ese "viaje" y su correspondiente "purgatorio" son fáciles de determinar: a) abandono del hogar, que para la ideología del texto y del autor constituye una violación del precepto moral; b) sufrimiento y enfermedad, que texto y autor infligen como "castigo" de la vida; c) muerte como resolución final de ese mismo castigo. Tal vez una reducción tan drástica del argumento novelístico pueda parecer exagerada, pero la verdad es que ese mismo decurso, las vicisitudes que sufre la heroína, *son* exageradas, son extremosas. No en vano el relato se centra en María Luisa como personaje: todo el sentido de la narración descansa sobre lo que le sucede a ella, y los demás personajes así como sus respectivas historias (como la de Jesús y Ester en el capítulo VII) son laterales y sirven de paralelos y contrastes, es decir, de elementos de sustentación del correlato ideológico. La estructura misma de *María Luisa* es rudimentaria pero expresiva en ese respecto. Deja ver de sí mucho más que si se tratara de un relato artísticamente complejo. De ahí que puedan extraerse los valores ante los cuales se coloca Azuela, con una claridad semejante del axioma. Por ejemplo, en el movimiento básico del relato (el curso que ya señalé: error o "pecado", purgatorio y castigo final) se refuerzan algunos valores propios de la mentalidad burguesa, como son la tríada de *hogar*, *pureza* y *matrimonio*, valores que giran en torno al tabú de la sexualidad.

Antes de entrar en el examen de esta tríada, sin embargo, hay que advertir que los valores existen como valores de una clase o de varias (atañen a diferentes sectores sociales, no sólo al dominante), pero esto sucede en la vida circundante, en el contexto social de la escritura, así como en la tradición literaria de la época. Junto con el funcionamiento clasista en las relaciones sociales, hay un funcionamiento cultural encarnado particularmente en las tendencias como el naturalismo francés, cuyos valores son típicos del sector social que esta tendencia respalda. De modo que las formas en que la ideología se presenta —figuras retóricas, arquetipos, situaciones narrativas invariables, etc.—, lejos de ser privativas de Azuela, ni siquiera de la literatura mexicana de fines del siglo XIX, llegan a él por una larga tradición de origen europeo. En esa tradición, el personaje humilde que por amor se "pierde" ya que abandona los sagrados atributos del hogar, la familia y el código del honor, ya era socorrido en la literatura, y al recordar sus influencias Azuela mencionó al Abate Prévost (*Manon Lescaut*), a Dumas (*La Dama de las Camelias*), a Edmond de Goncourt (*Sor Filomena*) como parientes literarios de su María Luisa, como sombras protectoras de las que extrae la "sensibilidad" novecentista, la figura misma de su personaje femenino central o los rasgos de ambiente (las casas de estudiantes).

En varias conferencias dictadas medio siglo después de la publicación de sus primeras novelas, y tituladas con resabios naturalistas (como "El novelista y su ambiente"),3 Azuela recupera el contexto de sus lecturas: "No es ocioso recordar que escribí *María Luisa* hace cincuenta y tres años. En ese tiempo la escuela realista estaba en su apogeo: dominaban en Francia Flaubert, los Goncourt, Zola, Daudet, Maupassant, y los estudiantes nos avorazábamos con estas novelas como con las de Galdós, Pereda y Valera. La influencia de los románticos no acababa aún de borrarse y nos extasiábamos todavía con Murger musicado por Puccini y Alejandro Dumas por Giuseppe Verdi. La inmensa mayoría de los lectores seguía gustando la literatura de Víctor Hugo, de Jorge Sand y de Eugenio Sue, muy lejos todavía de las complicaciones psicológicas que ahora hasta los peluqueros exigen" (III: 1025). Y aún más interesante que este fragmento "literario", que por cierto nos da el entrecruce estético europeo, es otro de la misma conferencia porque en él menciona el *cambio social* entre el México de 1907 y el México contemporáneo, así como en el fragmento antes citado se refiere implícitamente al *cambio estético* (las lecturas de "entonces"):

"Los lectores de hoy encontrarán seguramente muchos pasajes

(de *María Luisa*) poco verosímiles. Tanto ha cambiado todo de la época anterior a la revolución a la de hoy; pero los supervivientes de aquélla, viejos de mi edad, pueden dar testimonio de que no miento ni exagero siquiera. Pongo sólo un ejemplo: en Guadalajara o en la ciudad de México a fin del siglo pasado, un peón ganaba real y medio y ración, es decir, dieciocho centavos y un poco de maíz para comer: eso todo el mundo lo sabe; pero lo que todos ignoran es que un estudiante podía tener asistencia, de comida, habitación, ropa limpia, etc., por la suma de diez pesos mensuales, y sostenerse durante un año con más comodidades de las que ahora se pueden tener con la misma cantidad de dinero en un mes. La misma diferencia que hay en la situación económica en el mundo de ayer la hay en el de hoy, respecto a las costumbres, ideas políticas, religiosas, etc., etc. Lo que no varía es la calidad humana: los tipos que se han de presentar en mi breve novela son de hoy, de ayer y de siempre. Ella es una chica casquivana, ya muy cerca de la edad peligrosa: él, un tenorio de barrio, sano, bien parecido y de buen humor" (III:1019).

Podemos hacer aquí observaciones de dos clases: en cuanto a la narrativa, el propio autor califica a sus personajes de "tipos", puestos de este modo en una intemporalidad supraclasista —"ella es una chica casquivana, ya muy cerca de la edad peligrosa; él un tenorio de barrio..." Y el escritor insiste, subrayándolo, en que "lo que no varía es la calidad humana: los tipos que se han de presentar en mi breve novela son de hoy, de ayer y de siempre". Ya señaló Barthes en sus *Mitologías*[4] la tendencia de la pequeña burguesía a naturalizar lo histórico, a intemporalizar lo que por fuerza tiene una índole perecible y modificable. Este ayer-hoy-siempre con que Azuela pretende investir a sus personajes no hace sino remitirnos a un concepto de la tipología humana y literaria. Lo curioso es comprobar cómo medio siglo después de escrita la novela, Azuela ve en ella una *permanencia* junto al *cambio social*. La primera avalaría la "universalidad" de su discurso literario (otra noción de la ideología que venimos estudiando, y que califica el valor estético por una "universalidad" que no es tal ya que los valores se modifican de acuerdo a épocas y lugares); la segunda certificaría ese "cambio", el *antes* y *después* de la Revolución, que toma su eje axial en un momento determinado de la historia y nos remite a él, ya veremos más adelante con qué resultados y tal vez con qué intenciones. Estas observaciones surgen de confrontar dos textos de Azuela: el narrativo de 1907 y el reflexivo, cincuenta años posterior. Ahora tenemos que volver al texto de 1907 porque en él, y sólo en él, podríamos reconocer la ideología de esa época: el texto reflexivo sirve, a lo máximo, para comprobar o rectificar lo que del primer texto se haya extraído.

Veamos entonces *María Luisa* y cómo nos descubre su visión del mundo, sus valores. Y para ello hay que retornar a la influencia de los valores europeos culturales, así como más estrictamente, a la noción de *hogar*.

El naturalismo francés ha dejado en la novela una gran cantidad de sus rasgos: a) la influencia del medio ambiente sobre el carácter; b) la correspondencia (natural) entre fealdad física y fealdad espiritual (o sus opuestos); c) la visión de la realidad como un "estercolero"; d) la noción de herencia, que en general posee connotaciones negativas; e) la fuerza poderosa del instinto opuesta a los valores de la civilización y la "educación". Estos cinco elementos cumplen su función de diseñar abundantemente una visión de la vida que, como señalé antes, se debe por un lado a la observación de la realidad, pero por otro también a la influencia de la literatura francesa. Así, para ilustrar de una sola vez a tres de ellas —la visión de la realidad, la fatalidad de la herencia y la fuerza del instinto—, el texto nos habla del "origen" de María Luisa.

"¿Quién era María Luisa? Una de tantas flores abiertas en el estercolero que se levantan esbeltas, húmedas y perfumadas, que parecen lanzarse al cielo y que en breve, muy en breve, se tuercen a los ardorosos rayos del sol eterno de la vida, desprendiendo sus mustios pétalos y derramando su semilla sobre el mismo estercolero que las vio nacer.

María Luisa fue hija de la casualidad. Nació cuando soldados de nuestras eternas revoluciones venían a los pueblos manchados con la sangre de sus hermanos, sedientos de placeres, dando la revancha a su instinto poderoso. Después del cansancio de la muerte querían el cansancio de la vida. Y la vida se reproducía prodigiosamente" (II:713).

Aunque todavía el texto no hace de ese *origen* un anatema —sólo lo sugiere dentro de su sistema metafórico—, no demorará mucho en hacerlo, en particular porque toda inclinación amorosa será vista como "instinto" (animal), y todo instinto como una fuerza que se opone a la "pureza" perdiendo a los seres humanos. El texto no demorará en abrirse a esta significación cuando se trate de dar cuenta de la vida de María Luisa una vez que fracasa su relación con Pancho y sólo le reste la prostitución, la enfermedad y la muerte: "Así como al despertar de sus sentidos no había podido resistir la influencia de su raza degenerada, detenida solamente por artificios de educación, al encontrar en el alcohol el remedio de sus penas, una vez dado el primer paso, nada ni nadie sería capaz de contenerla; y empujada por la maldita herencia quedaría hundida para siempre" (II 745).

Este último texto no necesita comentario, excepto el de comprobar que la ideología de la degeneración lleva implícita la "ideología de la pureza": tanto lo impregna al relato que su desarrollo y desenlace resultan sobreimpuestos por esa doble ideología más que por un desarrollo verosímil de los acontecimientos. Para Azuela, y muy probablemente para la sensibilidad de los sectores medios en la época, la sexualidad (de la pareja amatoria, ni siquiera la sexualidad venal) es un índice negativo que deteriora la pureza. Idea de raíz judeo-cristiana, sustentada por el férreo catolicismo (cuyos valores se trasladan, curiosamente, al pensamiento liberal), esta pureza es sinónimo de castidad, de educación espiritual, contra la cual atenta el sensualismo de fin de siècle, tan cultivado por los parnasianos franceses como por los modernistas hispanoamericanos y por el decadentismo de la literatura de salón. Ante esta literatura fina, elegante, llena de dandies a la moda, el naturalismo pervive en México para dar el retrato crudo de la "realidad" humana. Realidad más dable de hallar en los emergentes sectores medios, que surgen de la pobreza de la vida pueblerina y por ello se alejan de la aristocracia europea. En México el realismo no puede ser en esos años otro que el que atiende a estos sectores sociales: cuando en otras novelas Azuela se proponga revisar la vida de las presuntas aristocracias provincianas, lo hará con un caudal de ironía y sarcasmo que marcará desde la partida cuán alejado emocionalmente se encontraba de ellas.

En *María Luisa*, lo que podemos llamar "ideología" de la "pureza", y que no es otra cosa que la defensa de esa noción merced a satanizar toda fuerza opuesta, no sólo abunda en referencias sino que estructura al mismo relato. Como vimos, éste es sencillo en su anécdota: cuenta cómo por amor se pierde una muchacha. Esa perdición la lleva finalmente a la muerte, como a las heroínas románticas del siglo XIX,[5] pero a la vez como "castigo" que el relato (y el autor) le inflingen. Que esa ideología del autor está marcando continuamente los pasos del texto puede comprobarse espigándola aquí y allá, en todo lugar y a cada momento. La sensualidad se exhibe como "instinto poderoso" (713), el sexo "estalla" (715), el amor es un "peligro tremendo" (714), una "pasión ciega y desenfrenada" (744), una "funesta idea", que revolotea como "negra mariposa" (715), una "maldita idea" (715) y "eterno triunfo de la naturaleza" (715). Cuando ya agónica, María Luisa recuerda su pasado, y el amor, el relato la hará sentir "horror retrospectivo al placer sensual" (762), no obstante "en el hacinamiento de su miseria brillaba como una chispa todavía el amor que allí la arrojara" (762).

En este anatema de la sensualidad y del sexo hay una actitud doble aparentemente contradictoria: la idea romántica del poder enorme del amor, por una parte, y por otra la condena de ese poder como destructor. Es curioso que para Azuela, en *María Luisa*, el amor, lejos de construir, destruye. Y aquí habría que hacer una interrogación para buscar el lugar que el amor tiene en la ideología burguesa. ¿Se trata de todo y cualquier amor? ¿O bien de cierto amor en particular? ¿Hay una condena al sentimiento en sí, o a una situación concreta del amor?

No hay que merodear demasiado el texto para advertir que el tabú inconsciente del sexo se convierte en anatema consciente del amor cuando éste asume una *conducta*: el abandono del hogar, el alejamiento de la célula familiar en que, por otra parte, pervive el orden de la burguesía. Irse del hogar, abandonar la casa en que nació y conjuntó la familia patriarcal, es el pecado fundamental de estos seres, más que el amor, más que el sexo. Fuera de ese orden, de esa estructura en que una clase se desarrolla y sostiene para pervivir como tal, todo es escándalo, vicio y perdición. El amor sacralizado por el matrimonio se mantiene en esa célula como el único legítimo, como su única posibilidad aceptable (la llamada "aceptabilidad burguesa") de la pareja. En cambio, lo que está fuera de ella está fuera del orden y merece el castigo. Y la "ideología de la pureza" se encarga de asestarlo al marcar la degradación que se le opone, al satanizar todo aquello que no le corresponda.

El valor que *María Luisa* otorga a la noción de hogar es indiscutiblemente grande y enfático. Más significativo aún cuando se vea que en otras novelas mantiene ese valor: la reiteración en diferentes obras indica que hay que atribuir ese valor a la ideología de la época, pero dado que funciona también como nervio estructurador del relato, es asimismo parte de la ideología del autor. En el capítulo IV, *María Luisa* cuenta la "salida del hogar" de Pancho, en una suerte de reminiscencia del personaje. Como muchos jóvenes de la época, Pancho debió partir hacia la ciudad, dejando atrás hogar y pueblo natal, en busca de centros de estudio o de trabajo. En la novela, el énfasis está puesto en esa "salida" del hogar, una escena de despedida dolorosa. Pero tanto como la narración de ese episodio, habitual por otra parte en la realidad de comienzos de siglo, se señala lo que sucedió después, al pasar de los años y de los meses: la "indiferencia por el hogar", de parte de Pancho, se constituyó en el pecado.

"¡El recuerdo de la primera salida! Su madre empapada en lágrimas, colmándolo de bendiciones, dándole mil consejos, con ternezas que le partían el alma. Luego desprendiéndose de los brazos amorosos y de su pecho caliente para ir a caer muy lejos, tan lejos que la indiferencia por el hogar haría olvidarlo. Su padre, el viejo sobrio y severo, dándole un abrazo, diciéndole adiós sin despegar los labios para poder ocultar la suprema angustia, la del deber cumplido con el sacrificio del más grande y poderoso de todos los egoísmos. Sus pequeños hermanos abriendo desmesuradamente los ojos, azorados y sin comprender aquella escena de ternura y de dolor. Después el tren: llanuras, cerros, polvo; todo ensombrecido por la amargura de la despedida. Cuando llegó a la capital sufrió un desencanto opresor: mucha gente, muchas casas, muchos jardines, mucho ruido; pero mucho más grande, infinitamente más grande, era la soledad que acompañaba a su alma entristecida" (II:721).

Vale señalar de paso otro de los elementos del mundo ideológico de Azuela que aparece en este breve pasaje con gran relevancia: la presencia negativa de la "gran ciudad". Como puede verse en ésta como en otras novelas, Azuela demostrará continuamente su apego a la provincia y su resistencia a las capitales (sea Guadalajara o la del país), ponderando las virtudes del lugar pequeño ante los vicios de la ciudad inconmensurable. Esta actitud (verdadera *actitud*, por su persistencia, dentro de la obra de Azuela), coadyuva a considerar el apego ideológico al sedentarismo, pese a que este sedentarismo sea "contrario" a la realidad del país, que en particular desde la época revolucionaria impulsó el éxodo rural hacia las ciudades grandes, capitales de provincias o hacia las ciudades fronterizas con Estados Unidos, o hacia la capital de México. Que este nomadismo era provocado por necesidades económicas y funcionaba a contracorriente de la ideología dominante, puede verse en el hecho del orgullo local. Aun lejos de su lugar natal, el mexicano se siente adscripto, perteneciente a él, emisario de aquel pueblo, de aquella zona que le dio origen.

De ahí que dejar el hogar para buscar un mejor destino, por dolorosa que sea la separación, no merezca el anatema que en cambio admite el abandono *ilegítimo*. Y ese tipo de abandono aparece en particular encarnado por el personaje María Luisa. Aun cuando el de María Luisa no sea formalmente un *hogar*: casa de asistencia (estudiantil), ella vive con su madre y tía, rodeada de estudiantes bohemios; *es* su hogar venido a menos y sin figura paterna que venerar, es un hogar matriarcal en el que de alguna manera los estudiantes-pupilos tienen la función de *hermanos*. El texto no deja pasar la oportunidad de establecer esta figura de parentesco, si bien en términos de comparación: "A los tres años María Luisa saltaba de los brazos de un estudiante a las rodillas de otro; de las caricias de uno a los besos de otro. Nació entre estudiantes, se crió entre ellos, su medio, educación e instrucción fueron ellos. Y se desarrolló en medio de aquel alegre barullo que hacía olvidar las penalidades de la vida. Cuando se sintió mujer, conocía a los estudiantes como si fueran hermanos" (II:714). Después de esbozar este cuadro hogareño, Azuela enfrenta a su personaje femenino con el "peligro tremendo" del amor: se enamora de Pancho y se va con él.

El coqueteo anterior a esa huida nos muestra las relaciones amorosas como un juego, a veces de equívocos, sin correspondencias, en el que la mujer juega el papel de víctima de los deseos, de los apetitos carnales del hombre. Cuando María Luisa conoce a Pancho se inicia ese *juego*: "Y ese día María Luisa comenzó, o más bien dicho, continuó el divertido juego de tener novio para caer de improviso en la red peligrosa del amor. Y Pancho empezó por amarla con un amor ciego y frenético para acabar con el divertido juego de tener novia" (II:725). Para ella es el amor, aunque "peligroso"; para él, un "juego divertido". En otro pasaje posterior, cuando ya viviendo juntos Pancho advierte el error de la "aventura", la distinción entre los sentimientos de la mujer y

20

los del hombre vuelve a acentuarse: "La mujer amaba con su ser íntegro y completo; el hombre sólo había saciado sus apetitos carnales" (II:739). Si nos demoramos en estas frases es porque ellas actualizan un lugar común sobre las actitudes sexuales femeninas y masculinas, pero también porque entre líneas nos están dando la ideología amorosa del propio autor, que volverá a encontrarse casi invariablemente en todos sus textos, en particular aquella que exime a la mujer del "placer" sexual convirtiéndolo en amor, es decir, en excelsitud a fuerza de no definirlo, o de abandonar sus rasgos en el limbo de una noción medieval (el amor cortés, la amada inaccesible y lejana, etc.). Cuando los papeles se intercambian, cuando *ella* siente el apetito sexual, éste se convertirá en lujuria (pecado), en exceso, en quiebra del código de honor y en degradación de la esencia femenina enaltecedora.[6]

Salir del hogar podría tener la consecuencia de *formar* otro hogar. Es la idea generalizada sobre la nueva pareja que, al formarse, abandona por fuerza el hogar de origen. Aunque primitiva, ésta parece ser la intención de la pareja, o bien de María Luisa al menos, hasta saberse de su frustración. Por eso, cuando el texto anuncia la preparación de ese otro lugar donde habrán de vivir Pancho y María Luisa, describe la pobreza del barrio y de los enseres, pero señala también: "lo que le había quedado [a Pancho, de dinero] le sirvió para comprar unas cuantas sillas, trastos de cocina y lo más rudimentario que debe haber en un hogar" (II:727). Sin embargo, ese hogar nunca llega a formarse legítimamente, ya que sus bases son bastardas, están viciadas por la pérdida de la honra.

Esta situación límite (y melodramática) aparece claramente expuesta como consecuencia de un intento de María Luisa por volver al hogar, en un momento que el texto llama "lucidez", antes de entrar en la casa que Pancho le había reservado. Azuela presenta este cambio como un instante, una epifanía, un momento de luz en una conciencia oscurecida: "En el preciso momento en que Pancho puso la llave en la chapa, Luisa tuvo un instante de lucidez deslumbradora y rápida como un relámpago. En su conciencia apareció la imagen de su madre, la pobre viejecita abandonada por su hija, por el único ser que podría tenderle la mano en su senectud, ya cuando le faltaba la fuerza para seguir trabajando, arrojada tal vez a extinguirse en una triste cama de hospital, olvidada de todos" (II:729). La intención del relato es obvia: congelar la actitud pecaminosa un instante antes de cumplirla, ceder a su personaje la posibilidad de un arrepentimiento: "Y fue entonces cuando huyendo del hombre adorado, como corza asustadiza, escapó y corrió a buscar el calor del hogar. el único calor que no hace daño" (Id.). Pero el mal está hecho: su tía malévola la ha visto escapar y su madre ya está al tanto de la situación, es decir, "públicamente deshonrada". Esto motivo el siguiente pasaje, típico de las malas novelas del XIX, en que la madre rechaza

21

a su hija: "Al verla, doña Cuca sintió que se nublaron sus ojos, y la indignación hirvió en su pecho. Sin pedir explicaciones, sabiendo que ya era pública la deshonra de su hija y el indigno papel que estaba representando, presa de un arrebato de cólera, sin que le importara la presencia de los estudiantes, se arrojó sobre ella y la tiró de un golpe sobre el filo de la mesa, abriéndole la frente (...). —¡Lárgate de aquí! No te reconozco como mi hija." (II:730).

En esta secuencia hay claramente una ideología de clase, no sólo individual, no sólo de Azuela. Y ella rechaza el "mal paso" dado por María Luisa: no es la madre como individuo, es la burguesía entera la que ha impuesto ciertos valores como ordenamiento moral. De ahí que el rechazo se realice a pesar del dolor materno: por encima de él es preciso castigar a la muchacha que ha violado el código de la honra. Luego será la imaginación novelesca, estructuradora del relato, la que continuará "castigando" a María Luisa haciéndola pasar por el dolor y la soledad emotiva de una vida degradada. En esa agonía con que se sella el castigo ideológico, el valor del hogar permanece incólume. Poco antes de morir, y al igual que el personaje de "Impresiones de un estudiante", María Luisa recuerda precisamente su pasado, el (mal) camino que la llevó a esa situación desdichada, y lo que más añora es el hogar. "La enferma quedó sumergida en el mar de recuerdos que acababa de evocar el practicante. Su vida de alegría perenne entre los estudiantes que ahora ni la reconocían siquiera. ¡Tal era su demacración en sólo tres años de vagabundear! Recordó las penalidades de la pobreza tan llevaderas en el seno del hogar, con esa alegría de vivir que permite tomarlo todo a la broma y con la sonrisa en los labios. ¡El hogar!" (II:762). *¡El hogar!*: exclamación ideológica que lo dice todo sin explicar nada: signos que significan lo implícito en término y concepto. No es necesario justificar la exclamación ni el valor puesto en ella. Basta decirlo: *¡El hogar!* Así funciona, muda e inexplicablemente confundida en texto e historia, la ideología.

* * *

El Azuela de María Luisa no ha llegado aún a la crítica social, menos aún a la crítica política. Llegaría más tarde, en otras novelas como *Los fracasados* (1908), *Andrés Pérez, maderista* (1911) y *Los de abajo* (1915), por ejemplo. Aún está constreñido enteramente por el corsé naturalista y por el difuso deseo de mostrar el dolor de unos personajes que ni siquiera representan seres sociales sino entes literarios. De ahí su referencia a los "tipos" que encarnan María Luisa y Pancho, y que el autor pretende eternos. Lo auténtico y lo representativo de la novela están en el funcionamiento ideológico, donde sociedad y autor no se diferencian. El anatema social a la muchacha independiente que quiere vivir su vida es asumido por Azuela como propio, y no sólo es social y correspondiente a su época. Hacia 1900, cuando escribe *María Luisa* (siete años antes de publicarla, como testimonia el autor), Azuela no parece tener conflictos con la pequeña burguesía de la que forma parte, preocupado más bien por mostrar una "tranche de vie". Es curioso, por revelador en este sentido, el modo composicional de la novela: originada en un verdadero "tranche de vie" como era la brevísima última parte de "Impresiones de un estudiante", Azuela se propuso partir de allí, del final, de la conclusión, para, retrocediendo, mostrar los antecedentes de una moribunda que ha cruzado la vida empantanándose en actitudes pecaminosas. El propósito de las "Impresiones de un estudiante" era el cuadro breve, fugaz como un fogonazo, o como los daguerrotipos de la época, pero ya en *María Luisa* las "impresiones" se estructuran en un relato y el relato tiene una intencionalidad y una dirección: el estudio naturalista con un pleno desarrollo en la medida en que la intención era demostrativa tanto como mostrativa: enseñar al tiempo que se exhibe.

Por eso, cuando cincuenta y tres años después decida Azuela dar su propia lectura de la novela, luche por afirmar su autenticidad novelística dado que fue "fiel" a lo real (con la fidelidad del daguerrotipo). Curiosa contradicción, pues al referirse al personaje María Luisa, Azuela asume la subjetividad: "En lo que se detiene, quizá hasta con deleite, el autor, es en darnos muchos pormenores acerca de su heroína, de la que intempestivamente se ha enamorado, obstinado en acumular muchos discursos y alegatos para que sus lectores crean que es una buena chica, con todo, y la absuelvan. Por lo demás es su hija y tiene derecho de defenderla" (III:1027). Que su novela era en 1900-1907 un enjuiciamiento moral —concluyente en el castigo de hacer morir a su heroína, como hemos señalado antes— se advierte en esta apelación, medio siglo posterior, a su *absolución*, como si el autor sintiera haber ido demasiado lejos. Absolución que empero las décadas transcurridas, se fundamenta en las mismas causas de la ideología naturalista: "Porque ahora vamos resultando con que María Luisa no sólo es víctima de su sangre enardecida y de sus nervios superexcitados, sino de la herencia y del maltrato de sus familiares" (Id.).

Desde otro punto de vista —como documento de su época—, no puede negarse que *María Luisa* posee riqueza de información. Como vimos antes, hay toda una ideología social condenando al personaje tras la condena materna. Azuela lo señala con perspectiva histórica, como un elemento del cambio social que ya en los años cincuenta se percibe con claridad: "En aquel tiempo el resbalón de una soltera, aun de la clase más humilde, tenía la significación de un sambenito por el resto de su vida. Se le cerraban las puertas de los hogares decentes y se le abrían de par en par las de las casas de asignación, como el sitio único que le pertenecía. A una mujer caída podía befarla el lépero más miserable, sin una sola voz que se levantara en su defensa" (III: 1026). Sólo es preciso notar que el Azuela de los años 50 que escribe sobre *María Luisa* posee esta perspectiva, no así el autor de 1900-1907. Aquel Azuela estaba imbuido de sus valores de clase y, lejos de reprobarlos, los asumía en su función de fabulador de historias. Pero el cambio social que se estaba dando en México y que sería crucial desde el estallido de la Revolución de 1910, no iba a pasar sin hacer huella en un espíritu alerta e inteligente como era el suyo. De ahí que ese cambio se advierta en el decurso de sus novelas; de ahí que la ideología del autor encontrase modulaciones significativas en los textos (y años) siguientes. Desprendiéndose del naturalismo en lo que aquél tenía de mayores rémoras ideológicas, de prejuicios más acentuados, Azuela se acercó al presente que conocía de primera mano para disectar sus pequeñeces morales, sus vilezas: la vida de provincia y el conjunto social. No hizo la épica de la Revolución (ni siquiera en *Los de abajo*) sino que quiso ser el cronista literario del fracaso. Le costó más desprenderse de la concepción de "tipos" para acceder a personajes complejos, pero al menos ya en *Los fracasados*, de escritura ocho años posterior a la de *María Luisa*, no puede hablarse de tipos intemporales ("de ayer, de hoy y de siempre") sino de tipos sociales y hasta de logrados personajes. Y ya no se trató de historias angostas y trilladas, que parecían traducidas del francés en sus esquemas anecdóticos, sino de toda una problemática mexicana, nuestra, enriquecida por la profusión de personajes e intriga, así como por la asunción de la literatura como un arte al mismo tiempo que como un instrumento desmitificador.

III. EL NOVELISTA COMO CRITICO SOCIAL

Dos fracasos se cruzan, en *Los fracasados*, trazando la simetría de la experiencia: el fracaso de un joven licenciado y el de un sacerdote. Liberalismo e iglesia coexisten en el pueblo de Alamos y van a determinar la (mala) experiencia de los dos personajes centrales. En el caso del primero, *Los fracasados* cuenta cómo Résendez, quien busca la provincia huyendo de la gran ciudad, ve destruirse su ideal de justicia en un pueblo corrompido por los intereses del clero y de una burguesía hipócrita. Alamos, ese pueblo, es una imagen de Lagos de Moreno, la ciudad natal del autor, con doce mil habitantes y un caudal de fanatismo y beatería como en tantas ciudades y pueblos mexicanos de la época. El licenciado Reséndez llega con el nombramiento de secretario de Jefe Político, y en las primeras semanas su vida se desliza normalmente (aunque comprueba cómo impera la pequeña injusticia en estos poblados de pocos recursos), hasta que decide sacar a luz un asunto sucio: el legado de una vieja familia, que en vez de beneficiar a la comunidad, como había sido su propósito, sólo llenó las arcas de unos pocos oportunistas. Por otro lado, el sacerdote Cabezudo, pese a su fanatismo, o bien merced a su fanatismo, desea hacer el bien a la comunidad, pero pronto advierte que ésta está podrida hasta sus raíces, y que la fe sólo esconde la miseria moral. En la línea anecdótica, es importante la procesión que organiza la iglesia, el escándalo de los liberales, la prisión del cura por violar los preceptos constitucionales, y el ingreso de Alamos en una suerte de rebelión, de pre-cristiada. Gracias a los manejos de las autoridades, el joven licenciado termina en la cesantía y el cura en la cárcel de la capital. Dos fracasos diferentes que coinciden en una sola línea de fanatismo: el fanatismo católico y el fanatismo ateo, liberal.

La novela tiene también otra línea que no es de crítica social ni de sátira política: la historia afectiva, amorosa —de estirpe romántica— entre el licenciado Reséndez y Consuelo, una joven de buena familia pero cuyo pasado se hunde en un enigma luego revelado: ser hija de un sacerdote. Al final de la novela, hastiada ella también del medio social y familiar, desaparece, como desaparece su verdadero padre, y Reséndez se hace el propósito de buscarla —buscar el "hogar"— como antes buscó, sin encontrar, la justicia. De estos dos vectores narrativos, el más importante es el que tiene que ver con la tensión social. La historia amorosa es el elemento "novelesco" puesto por el autor para dar relieve a la figura de sus personajes más allá de su constitución dentro de una tipología social. La novela surgió, según Azuela, de la observación directa, de su propia experiencia, cuando después de acabar su carrera volvió por un tiempo a su pueblo natal. En las páginas dedicadas a recordar esta novela y las circunstancias en que fue escrita, Azuela hace hincapié en la justeza del título (metafórico, por lo demás), dado que, señala, no tuvo casi ninguna dificultad en encontrarlo. "No pocas veces me ha costado más trabajo darle nombre a alguno de mis libros que componerlo; en cambio los títulos de *Los fracasados* y *Los de abajo* me fueron dados de golpe y en forma tan clara que los acepté sin vacilación cuando todavía tenía sólo una idea nebulosa de lo que pensaba decir, y mucho antes de construir el argumento, elegir los personajes y sucesos" (III:1044). Esta confesión es interesante por lo que connota: antes que la peripecia anecdótica en sí, Azuela tenía ya la preocupación por el tema global: el retrato de la vida provinciana como ambiente frustráneo de las mejores aspiraciones.

Dentro de esa preocupación, la experiencia de escuchar y ver a un sacerdote que agitaba a las masas creyentes, motivó el origen novelístico: "Hacía poco de haber regresado a mi pueblo, después de diez años de ausencia, con mi pergamino de médico, cirujano y partero, a ejercer mi profesión. Un domingo, a la madrugada, volvía a mi casa por la calle de la Industria, cerca del costado oriente de la parroquia, después de haber impartido mis servicios a un enfermo que me llamó con urgencia". Escucha entonces los "toques de Avemaría" y observa muchas "sombras vagorosas" que se acercan a la iglesia. Compelido por la curiosidad, entra él también y observa: "En el púlpito de mármol blanco albeaba una sobrepelliz y dos largos brazos negros se agitaban en ademán violento. La voz del predicador resonaba en las altas bóvedas, imperativa, airada, dura como golpe de martillo en el yunque: 'Nada tenemos que inventar, nada nuevo que agregar; nuestros deberes de cristianos se reducen a dar una paso atrás, a volver a los tiempos en que el Señor, Rey de Reyes, imperaba en sus altares". Y aún con mayor ira: "Si por los medios persuasivos no podemos reducir a los prevaricadores de la Ley, acudamos a los medios violentos y arrojémoslos de la casa del Señor que han venido a profanar..." (III:1045). De inmediato Azuela nos recuerda que hacia los últimos años de la dictadura de Porfirio Díaz, la iglesia había obtenido una gran tolerancia (aparte de grandes beneficios y favores, añadiríamos), en contraposición con los furores liberales que desde la Reforma imperaban en nuestro país.

Pero incluso ese ambiente, apático y triste, de la indiferencia provinciana, era el que este sacerdote quería agitar. La figura y la actitud del cura llenan a Azuela de un "extraño malestar" y al mismo tiempo de admiración. "En aquel tiempo mi jacobinismo había pasado de su periodo agudo y, en mi convalecencia, lejos de encontrar antipático y odioso al pastor, me atrajo y me sedujo por su pasión religiosa, por su fervor, por la buena fe que trascendían sus palabras, por la nitidez de sus pensamientos, y, sobre todo, por su valor para expresarlos sin tapujos, con energía" (III: 1046). Singular contradicción, no sólo la que aparece en el liberal que era Azuela, por admirar la actitud de un religioso, sino porque su novela mostrará precisamente la falta de tolerancia de su medio social. La tensión principal del relato es la que ocupa esta oposición entre liberales y creyentes: lo que hará Azuela será entonces tratar de demostrar que entre ambos grupos no existe una verdadera oposición ideológica, sino intereses que nada tienen que ver con la libertad de pensamiento y de creencias sino más bien con viles intereses económicos, con envidias, rencillas ancestrales y ante todo, con la "imbecilidad" y la *maldad* humanas.

El defensor de las virtudes pueblerinas se trueca repentinamente en uno de sus acérrimos críticos; lo que él consideraba ventajas de la vida comunitaria aparece de pronto convertido en una imagen del infierno. Tal vez porque aquella consideración romántica de la "provincia" partía de la nostalgia por el alejamiento mientras estudiaba la carrera de medicina. Tal vez esas virtudes no eran en el fondo tales. Intentando comunicar su experiencia en la primera época del regreso a Lagos, Azuela marca la desilusión: "Pero si en las cosas lo encontré todo como lo esperaba, las gentes fueron muy otras de las que había llevado en imágenes en mi mente. El pueblerino tiene virtudes muy estimables, pero adolece también de defectos que desazonan, sobre todo en ciertos elementos de las clases acaudalada y media... Cierto individualismo cultivado hasta la deformidad, se revela con inaudita nitidez en cuanto el más leve incidente los hiere o lastima en su persona o en sus intereses... Cuando en uno de estos medios surge el tipo de santo o del héroe se le desconoce o se le repudia. Jamás habrá una palabra de admiración ni por sus actos ni por su persona: es un tarado social el que osa romper con la rutina y buscar su propio camino. '¿Qué gana este hombre con sus extravagancias? ¿Qué ventajas tiene con ser así?', se preguntan. El egoísmo más grosero del burgués en su forma ínfima" (III:1048). De ahí que, de manera experimental, Azuela incluya en el ambiente creado para su novela (el ambiente vivenciado en la experiencia del regreso), a dos personajes diferentes, representantes de dos actitudes a menudo opuestas, pero en ambos casos en choque con la realidad. Y dentro de ese experimentalismo narrativo es obvio que Azuela toma partido por sus dos personajes, más aún por el sacerdote que por el licenciado, con un gran espíritu de sarcasmo hacia la sociedad, con una amargura que refleja tal vez la que en aquellos años sintió, enfrentado él con su medio, y representando también el papel de un "fracasado".

Por eso, por la actitud conciliadora del Azuela liberal con los personajes católicos, es curioso que la novela se haya leído como un ataque a la cleresía. En 1954, olvidando tal vez la carta sumamente elogiosa que sobre *Los fracasados* le había enviado a Azuela,1 J. M. González de Mendoza escribía en *El Universal*: "Abundan en la novela las caricaturas, puesto que son bastantes los personajes antipáticos: infladas nulidades, caciquillos, ricachos. Un tufo anticlerical sale de esas páginas, a tal punto fuerte que el efecto buscado no se logra".2 Todo lo contrario, y tal como el propio Azuela lo deja entrever en sus páginas de los años cincuenta o como puede verse· en la propia lectura de la novela. La iglesia no se desprecia en ella: se la admira. Y esto tal vez no sólo porque el "jacobinismo" de Azuela hubiese pasado como una enfermedad que tiene sus ciclos, sino también porque en la época existía una política de conciliación a la que Azuela aporta su contribución intelectual, su realismo didáctico, su enseñanza ética.

Stanley R. Ross sintetiza adecuadamente lo que sucedía con esta política de conciliación hacia los últimos años de porfiriato: "Los conflictos de la historia mexicana se originaron algunas veces en motivos de mera ambición y avidez por el botín de los cargos públicos. Cuando las ideas eran el fondo de la contienda se podían percibir dos partidos con diferentes ideales: uno, el conservador, sufría las consecuencias de la independencia mexicana y ansiaba el retorno del patrón institucional de la época colonial asociado a la estabilidad y la prosperidad. El segundo o liberal deseaba esgrimir el garrote contra las instituciones coloniales: la Iglesia, las grandes posesiones territoriales y el ejército, que habían sobrevivido bastante al pretérito español".3 La conciliación entre ambas tendencias "parecía inconcebible", añade Ross, y sin embargo Porfirio Díaz la consigue, aunque no llegase a ser duradera ni a fincar sobre sólidas bases de entendimiento, sino, siempre, sobre la distribución de intereses y el equilibrio de las prebendas. Lo cierto es que la Iglesia había levantado su cabeza durante el gobierno de Díaz y que éste también se había beneficiado. "La Iglesia Católica contribuyó con otra piedra a los cimientos del imponente edificio de la estabilidad nacional que Díaz construyó. Aunque el dictador había seguido la bandera liberal, adoptó una política de conciliación hacia la Iglesia. Algunos escritores atribuyen el desarrollo de esta política a su segunda esposa, profundamente religiosa; pero fue fundamentalmente una cuestión de táctica política. La legislación anticlerical del periodo de la Reforma permaneció vigente en parte de la ley agraria, pero no tenía aplicación efectiva. Había una notable cordialidad entre los funcionarios del gobierno y los dignatarios de la Iglesia. Con sobrada razón los escritos del padre Cuevas, del periodo de 1875 a 1896, aseguran que "estos diecinueve años, casi sin perder un solo día, con lenta pero segura actividad, fueron ciertamente años de reconstrucción. Era inevitable que este resurgimiento de la Iglesia estuviera acompañado de un aumento de su poder económico. Durante el periodo de Díaz, la Iglesia se las arregló para recobrar algo de su riqueza, influencia y prestigio".4

El acto en que Azuela descubre al cura fanático, es precisamente éste: el del ejercicio de un poder que, combatido por el liberalismo, había decrecido conflictivamente hasta que Porfirio Díaz lo sacó del marasmo y le dio un nuevo lugar dentro de los diversos poderes del país. Fenecido en el espíritu de Azuela el "jacobinismo", el novelista se dispone a derramar cierta simpatía por la pureza y la convicción de los ideales religiosos, y un poco también por la justicia civil. Como señalé antes, lo que se desprende de la novela, de su totalidad artística e ideológica, es el hecho de que Iglesia o pensamiento liberal pueden y deben coincidir y conciliarse en nuestro país, pero ello fracasa porque el ser humano, merced a sus vilezas, a su maldad, no está pronto para la prueba. Esta argumentación es ideológica en cuanto no se basa en una realidad sino en una proyección utópica, y proviene de los ideales humanistas que la burguesía implantó pero que no demoró, sin embargo, diría Löwy, en traicionar. Quien levante la bandera caída será el intelectual, el escritor.

Los fracasados no podría entenderse sin los antecedentes de la política ("táctica" política) del porfiriato, así como del mismo liberalismo en el siglo XIX. En su estudio sobre *La ideología de la Revolución Mexicana*, Arnaldo Córdova es radical en cuanto a la caracterización de las raíces liberales de nuestro país. Por eso, afirma: "En México, la Revolución nace acompañada de una candente defensa del pasado. Desde luego, el pasado no es el porfirismo, sino la tradición libertaria que se da a partir de la Revolución de Independencia, se desenvuelve en el largo periodo de la lucha de los liberales contra los conservadores y culmina con el triunfo de la República en las guerras de Reforma y contra la intervención francesa. El gran ideario de esa tradición se cifra en la Constitución liberal de 1857".5 El anticlericalismo liberal reaparecerá durante la revolución: "El clero y sus aliados son denunciados como los eternos perturbadores del orden y como los traidores a México que fueron siempre".6 Para Luis González, sin embargo, la religiosidad del mexicano era otra de las raíces de nuestro país, y por ello "ninguno de los objetivos liberales encontraban clima propicio en México... A las luces del siglo se oponía tenazmente desde Roma la religión más englobante y exclusiva de todas que era precisamente la observada por seis millones de mexicanos".7 Esto influyó para que la propia Iglesia sintiera la adhesión, la base social con qué moverse e, igual que cualquier fuerza política, manejar a su provecho las amplias masas de creyentes, su clientela de la fe. Es así como, señala González, el porfiriato no fue una época dorada para el proletariado, lo fue en cambio para el "hombre de fe". Y así sucede el llamado "renacimiento religioso": "Volvieron los trajes talares, el toque de campanas, las procesiones religiosas y mil maneras de culto externo. Si escaseaban las lluvias, se sacaba el santo. Si sobrevenía el día del Santo Patrono o las bodas de plata y oro sacerdotales de obispos y curas, o la coronación de una imagen venerada, o la consagración de los templos al Sagrado Corazón de Jesús, o la traída a la capital de la Virgen de los Remedios o a Guadalajara la Virgen de Zapopan, las actividades religiosas y multitudinarias adquirían un brillo extraordinario, superior al de las conmemoraciones cívicas".8 Esta realidad escindida —país creyente, país liberal— existía a comienzos de siglo. Eran las raíces de México y de acuerdo con su formación, su pensamiento, su concepción del mundo, la sociedad actuaba y encontraba en ese accionar una de sus mayores justificaciones.

En el texto de *Los fracasados* se encuentran estas dos actitudes, y en gran medida ellas reflejan lo ideológico como deformación fanatizada de la realidad. De acuerdo a como Azuela describe este mundo provinciano y elabora su atmósfera, esta palabra, "fanatismo", es aplicable tanto al creyente como al ateo. La caracteriza la intemperancia, el furor, esa rabia aguda que todo lo resuelve en el interior, sacando a luz las más bajas pasiones, los detritus de la personalidad. Es interesante entresacar algunos ejemplos de estas dos actitudes, comenzando con la anticlerical. En el capítulo primero, ante la llegada del cura Cabezudo (era el suceso "de actualidad", como acota el texto), el doctor Caracas dice: "Un fanático de los buenos tiempos de la Inquisición. Un *Miura* hecho y derecho". Y el texto parece acompañar esta actitud al añadir: "Un pobre diablo que no sabía lo que traía entre manos. Seguramente que se imaginaba que Alamos era como cualquier población torpe de esos que catequiza el primer cura de misa y olla. Sus sermones, a la verdad, estaban muy lejos de tener eco, ni de despertar interés alguno entre el culto vecindario de la localidad" (I:8). Poco después el relato *diferencia* al cura Cabezudo de los demás sacerdotes del pueblo, a su favor: aunque figuraba "a la cabeza de los invitados" a asistir a las reuniones sociales de la alta burguesía, nunca había asistido a ninguna. Esta actitud motivó el rencor de la burguesía que sentía el rechazo, más aún cuando el resto de los curas alternaban en las fiestas sin ningún reparo por sus investiduras religiosas. El anticlericalismo del relato aparece en la descripción de estos curas como comparsas de la burguesía, como sus guardianes espirituales, sus médicos del alma al servicio exclusivo de una clase.

Si éste es el "tufo anticlerical" que señalaba González de Mendoza, qué decir de las expresiones con que los personajes se refieren a los liberales. Estas son algunas, propias de una antología:

* "Tuvimos que despedir a dos de nuestros sirvientes por liberales... Figúrense que encontramos al cocinero y a la cocinera... como unos liberales... ¡Indecentes!" (I:23-24).

* "Tal era la enseñanza prodigada por el cura Cabezudo en el púlpito, en el confesionario, en el seno del hogar y en todas partes: el incontinente lo era por ser liberal, el asesino por liberal, el ladrón por liberal, el ebrio por liberal" (I:24).

* "Consuelo era liberal y por lo mismo, ella, doña Recareda, tenía el derecho y la obligación de poner fin a un estado tan anormal. Por el simple hecho de ser liberal era causa de escándalo y de peligro para la salud espiritual de la familia" (I:66).

La perspectiva de Azuela disuelve estas actitudes en su contradicción. Sea el fanatismo del liberal contra los religiosos, o bien del creyente contra los liberales, la técnica narrativa en Azuela consiste en desvirtuar totalmente sus opiniones rodeándolas de ironía, mordacidad, el ridículo mismo de los personajes, por todo lo cual sus afirmaciones, sus convicciones, ruedan en un mismo piélago de ideología.

La situación se desnuda y revela, en este sentido, cuando Doña Recareda, quien odia a Consuelo por considerarla hija ilegítima de su marido, acude a la Iglesia, al cura Cabezudo, tratando de utilizar el fanatismo religioso como cubierta y pretexto de su situación personal. Y es así como "denuncia" a Consuelo de liberal ante los oídos cada vez más sorprendidos del cura Cabezudo, quien claramente logra descorrer los velos de la hipocresía y no admite que sus enseñanzas, su propio fanatismo, sea utilizado burdamente y con tanta distorsión. Y mientras la mujer se marcha, frustrada por no haber conseguido la sanción de sus actos, "el cura Cabezudo, inmóvil, la vio alejarse con su mirada velada, tan triste que sus ojos se llenaron de lágrimas. Por primera vez se dio cuenta de lo problemático de su labor, del enorme escollo que se levantaba frente a sus doctrinas y que antes no había sospechado siquiera. No eran por cierto el liberalismo, ni la herejía, ni la impiedad: eran algo más poderoso, inmensamente más grande, de una fuerza incontrastable lo que se oponía a la realización de sus ideales: eran la imbecilidad y la eterna maldad humanas" (I:69-70).

Este último párrafo establece la coartada ideológica del texto mismo, porque aquella oposición conflictiva entre Iglesia y liberalismo, que caracterizaba la historia de nuestro país y que no termina de resolverse hoy día, se subsume en otro tipo de problema: la imbecilidad y la maldad de los hombres como base, fundamento que impide cualquier diálogo, o bien que obstaculiza el avance de lo que para Azuela constituye un bien liberal: la educación, y una educación que incluya implícitamente la tolerancia de ideas, la democratización de la mente y del alma, el fin del dogmatismo.

Esta es la tensión social de *Los fracasados* que, como vemos, no se resuelve social sino ontológicamente. Que permanece en el suspenso del escepticismo y que se desarrollará en otros textos novelísticos con similar intensidad. Lo nuevo o diferente (dentro de los cánones del realismo tal como lo manejaba Azuela en *María Luisa* o como lo podía apreciar en sus maestros los novelistas franceses), es el recorte satírico de los personajes, la creación de una atmósfera chirriante en que éstos se mueven como marionetas. La crítica social llega bajo la especie de sátira social. Y todo lo inunda para caracterizar a la burguesía: la urbanización moderna debido a la cual las casas acaban perdiendo "estilo" (I:9): la "virtud" detentada por un sector (en el ejemplo satírico de la novela, por las "desgarbadas" que tienen dinero pero no belleza física); las presunciones en el vestido masculino: "Toño Amezcua, al calor de la conversación, olvida siempre su pose de dandy... la obsesión de Barbarito es su traje inmaculado" (I:11); el afán de destacarse de las familias encopetadas, como la de Barbarito Rodríguez, con su orgullo por poseer una vajilla de exclusividad (orgullo escandalizado cuando el cura Martínez dice tener una pieza similar, I:16); las hipocresías de las oficiantes en la misa, porque acaban convirtiendo ese ritual católico en un ritual social, y más aún: respiran aliviadas cuando la misa acaba pues acaba con ella su aburrimiento; los médicos como propiedad privada burguesa y las jerarquías de la atención (el médico más afamado es obviamente el *de* Carmelita, la esposa de Porfirio Díaz, I:68): el mal gusto burgués enfatizado con crudeza: "En la cabecera de la sala se levantaba en un gran marco sobredorado el cromo chillón del Sagrado Corazón de Jesús... Diana Cazadora, honestamente revestida de papel de china por las manos pudibundas de Lolita, tendiendo regocijada su copa espumosa y rebosante, anunciaba en letras muy negras y muy grandes los méritos de la cerveza Cuauhtémoc" (I:20-21); o expresiones claras de estas caracterizaciones, como en el siguiente pasaje:

> "—Rupertita, tome usted un trocito de tocino, está delicioso. ¡Pero si ha dejado su platillo intacto, niña!
> —No, padre Gutiérrez, muchas gracias. A nosotras, las Godínez, la carne de puerco nos hace mucho daño.
> Como si dijera: 'Nosotras, las Godínez, somos hechura especial del Creador. Puso sus cinco sentidos en fabricarnos'.
> Una de las formas del orgullo estúpido del burgués que presume de nobleza" I:29).

Así, *Los fracasados*, si bien ingresa decididamente en la crítica social y enfila sus dardos a una burguesía de provincia aún más cerrada y exclusivista que la burguesía de la capital, desvía en gran medida las posibilidades de análisis de la realidad a la que se enfrenta, merced a la intervención del autor, a esa secreta inclinación a demostrar una tesis bajo forma novelística. Por otra parte, inserta en la política conciliatoria de finales del porfiriato, con una perspectiva sin embargo liberal (amplia, comprensiva, tolerante), la novela restringe su mundo a mostrar torvamente un sector social al que ya luego no volvería de la misma manera, al menos hasta concluir la época revolucionaria.

Pero es interesante también comprobar cómo algunos de los valores pequeño-burgueses detectados en *María Luisa* perviven en *Los fracasados*. Cuando el licenciado Reséndez es expulsado de Alamos, y descubre que también de allí se ha marchado Consuelo, cambia su fracaso político, su frustrado intento de restaurar la justicia en Alamos, por un ideal individualista, restringido: "Era el mismo incorregible soñador. Pero ahora su idea se concretaba en algo muy sencillo: buscar a Consuelo, así fuera un punto perdido en el universo. Si se había gastado la mitad de la vida en buscar algo imposible, la Justicia, bien podía gastarse la otra mitad en buscar algo posible, el hogar" (I:112). Prácticamente con estas líneas acaba la novela, y su cierre es, obviamente, desde un punto de vista político, reaccionario. El narrador sanciona el "nuevo ideal" propuesto por Reséndez: la actividad no será ahora en beneficio de una colectividad. No será un propósito de Justicia porque ésta es *imposible*. De modo que aún queda el hogar como ideal *posible* y deseable. Cuando hemos comprobado que Reséndez fue, durante toda la novela, un hombre indeciso y temeroso incluso de los documentos que tenía en sus manos, acaso un pusilánime cuando venía la injusticia notoria sin protestar por ella, es decir, algo muy diferente a un *héroe* de los que la colectividad desconoce, según la queja de Azuela, este final es aún más dudoso ideológicamente. Y permite inferir que Azuela no supo o no quiso concluir su relato de otro modo, o con otra superposición de valores. Los que defiende, los que termina sancionando, no son otros que los de la pequeña-burguesía que tal vez creía combatir.

★   ★   ★

Como estructura narrativa e ideológica, *Los fracasados* descubre un equilibrio establecido por ciertas equivalencias, paralelos (como el de Reséndez y el cura Cabezudo), pero ante todo por la noción de un *espacio* que al cruzarlo sus protagonistas, los marca, los tiñe, los transforma. Los dos personajes *llegan* a ese espacio pueblerino, ambos traen lo mejor de sí para entregar a los demás. Ambos son aceptados y rechazados equivalentemente por el medio: uno como liberal, el otro como sacerdote. Este paralelo es nítido, deliberado, insistente. La justicia en la tierra, la Religión en las almas. Alamos, pueblo, y como todo pueblo "infierno chico", resulta refractario a la *verdadera* religión y a la verdadera justicia. Como resultado de ese tránsito, el cura termina preso en México, por haber violado la ley constitucional que limita a la religión: y el licenciado es destituido y expulsado por ende del espacio que se ha convertido en un espacio maldito, satanizado.

IV. EL ESPACIO RURAL

Con *Mala yerba* (1909) Mariano Azuela descubre y explora un nuevo espacio: el espacio rural. Y con *Sin amor* (1912) continúa su análisis de la vida pueblerina que iniciara con *Los fracasados*. Lo interesante de estas dos novelas, también, es que emplean la figura de una "heroína" —Marcela en la primera; Ana María en la segunda— alrededor de la cual los sucesos se desarrollan hasta mostrar, en su diseño, lo que quiere decir el autor, la articulación de su discurso temático. Como si ellas funcionaran en la manera de una caja de resonancias, haciendo que los hechos, muchas veces sin significación notoria en sí, la adquieran hasta el grado de la tragedia. En el ejemplo de Marcela, el impulso trágico está puesto en la desgracia de ser "hija del campo", sujeta a los caprichos de patrones e instintos; el caso de Ana María es visto con mayor sordina: su "tragedia" no implica grandes gestos de dolor y desenlaces mortales (como sucedía con la María Luisa de la novela de igual título); no, su tragedia es la de vivir "sin amor", la de alinear la capacidad afectiva en pos de la elevación social. Como en 1945 señalaba Ibarra de Anda en una escueta reseña de la novela, "en la capital, en las grandes ciudades, los matrimonios sin amor no constituyen tragedia grande ni chica; mientras que en la provincia sí son dramas callados, tanto más dramáticos cuando que no son confesados, pero sí adivinados por sociedades que se gozan en *comer prójimo*, o sea en la murmuración".[1] Verdadera o no esta distinción entre ciudad grande o provincia, lo cierto es que Azuela consideró importante su tema tanto por lo que daba como relato de una tragedia personal, como por lo que esa historia proyectaba de la sociedad.

Mala yerba podría haber sido la "novela del latifundio" porfirista, esto es, el análisis novelístico de un aspecto tan importante en la vida del país que precisamente motivaría en gran medida el estallido de 1910. Pero no lo es. Es una novela fallida en tal sentido, porque Azuela no supo recrear el "ambiente" como correspondía; la situación de la hacienda aparece apenas perfilada en rasgos generales que no tocan verdaderamente a "los de abajo", distraída tal vez en contar las vicisitudes de su heroína desdichada. De todos modos, aun con sus limitaciones, que veremos pronto a qué se debieron, Azuela, como decía antes, descubre en esta novela el espacio rural. Ya no es el espacio conflictivo del "hogar" como aparecía en *María Luisa*, hogar que reflejaba la situación social de los pensionados y estudiantes de provincia; tampoco se trata del pueblo (natal) que dio origen a *Los fracasados;* aquí el espacio se ha tornado agreste, natural, porque es el de la hacienda neofeudal en el periodo de la modernización capitalista del porfiriato.

La aparición de este tema era importante en 1909, porque estaba en las vísperas del levantamiento revolucionario, y en plena agonía de una administración que tras treinta años de funcionamiento parecía, por una parte, eterna, por otra decadente. Como lo ha visto Jean Meyer, la presencia del campesinado era definitoria en nuestro país al cerrarse el siglo XIX. "De quince millones de mexicanos, once viven en el campo. Los campesinos constituyen el 62% de la población activa en 1910... [y] cuando en 1910 estalla una crisis política, a consecuencia de no haber sabido [el porfiriato] dar cabida al campesinado de la nación, el gobierno cae en una atmósfera de grave crisis agraria".2 Y más adelante, en su estudio, se hace una síntesis de lo que era una hacienda: "En 1910 mil grandes propietarios empleaban a tres millones de braceros, los peones. Se ha dicho todo sobre su suerte, infierno según unos, paraíso según otros. Digamos que nada es simple ni estable... El problema no es tanto el de la miseria de los peones, que aprecian las ventajas de la completa dependencia, hasta el punto de que la hacienda es una unidad socioeconómica completa que engloba a amo y servidor, como el de la lucha entre los campesinos libres y la hacienda, como unidad de producción en expansión. Para asfixiar a las aldeas libres, la hacienda les retira los derechos de pasto, el uso del agua, el control del comercio, para obligar así a sus gentes a trabajar en ella. El resultado es que en 1910 cerca de la mitad de la población rural estaba 'acasillada', es decir alojada en las haciendas. Más que a la propiedad de toda la tierra la hacienda aspiraba al control de todos los trabajadores".3

La situación es entonces doble; las relaciones peón-patrón dentro de la estructura hacendaria, y las relaciones de la hacienda con los "campesinos libres". Otra distinción habría que hacer, y es la que atañe a las diversas zonas del país. Como lo ha demostrado Friedrich Katz, centro, norte y sur se diferencian nítidamente en cuanto a la situación laboral del campesinado:4 mientras en el sur existe la implantación de un régimen prácticamente esclavista, el control del campesino es mucho más difícil en el centro y el norte, entre otros motivos por la mayor facilidad de la emigración laboral hacia los Estados Unidos (aspecto que veremos reflejado en el personaje Gertrudis, de *Mala yerba*).

Si ésta, en rasgos muy generales, era la situación imperante en el campo mexicano (hablemos de Jalisco y sus estados circunvecinos como el medio en que Azuela desarrolla sus historias), la verdad es que no aparece analizada en *Mala yerba*, aparte las referencias globales a la historia de la hacienda de los Andrade, o a lo que la conducta violenta de un "patrón" permitiría inferir. Pienso que son por lo menos dos las explicaciones de esta limitación en Azuela: por una parte, su interés está puesto en la historia *individual* de sus personajes, no en la situación del campesinado como sector social. Cuando para explicar estas conductas específicas es necesaria la referencia al contexto histórico, Azuela utiliza el *racconto* y soluciona la necesidad informativa. De ese modo, a base de *raccontos*, sabe el lector sobre la familia de los Andrade, y en especial, de acuerdo con la ideología del naturalismo, entiende que el estado "actual" es el resultado de una larga "degeneración" sicosocial.

La otra razón, no menos fundamental, que explica las limitaciones de su visión social en esta novela, es sencillamente el origen del "descubrimiento" del espacio rural. En el texto que les corresponde a *Mala yerba* y *Sin amor* dentro de "El novelista y su ambiente", Azuela da la clave de la oportunidad e índole de dicho descubrimiento: "Este libro fue construido con reminiscencias de mi niñez y de mi adolescencia... Cuando suelo retroceder el tiempo, invariablemente me detengo en un ciclo de tres meses, del último de junio al primero de noviembre, día de muertos y muerte de mi temporada de vacaciones... tres meses de embriaguez de sol, de aire, de cielo, de paisaje" (III:1056-7). El texto sobre *Mala yerba* está empapado por estos recuerdos que a su vez dieron origen a la novela y que muchos años después pervivían en el autor. Más que hablar de la(s) novela(s) en sí, Azuela reproduce en "El novelista y su ambiente" sus sensaciones, íntimas, entrañables, de aquellas temporadas de vacaciones, desde las vísperas tempraneras ("Había que aprovechar la fresca para evitarnos la asoleada"), hasta el regreso melancólico a la cotidianidad, a la rutina. El *espacio rural* está entonces íntimamente vinculado al periodo de *vacaciones*, y es el especial estado de ánimo de esos meses dichosos lo que caracterizará la creación del ambiente. A esta vinculación hay que añadir los dos elementos fundamentales que hacen posible la escritura de *Mala yerba*: el modelo de los personajes (que va a determinar su cualidad) y la historia (real) en que se basará su caudal anecdótico, su propia historia narrativa, su *diégesis*. En cuanto al primer aspecto, los personajes, Azuela recuerda: "Sus personajes los trasplanté de una región cercana. Rancheros también, pero de otro género. 'Hombres malos', decía la gente y se persignaba. Los encontré en mis andanzas de médico pueblerino y ocasionalmente rural. Solicitado por mi profesión tuve ocasiones sobradas para observarlos en la intimidad y en sus propias madrigueras. Magníficos caballistas..., provocativos y peleoneros... Católicos, que al sentirse heridos de muerte, piden con gran piedad un padre que los absuelva. Sus leyes son las de su clan y su honor es el honor de su clan... 'Hombres muy malos', dice la gente y como hombres muy malos los puse en mi libro' (III:1059-1060). Contando ya con el ambiente (fruitivamente recordado, ambiente vacacional, volvemos a insistir), contando también con los personajes *fuertes* de la novela, faltaba la historia misma, faltaba lo que hacer con esos dos elementos dados. Y entonces, como en el ejemplo de *María Luisa* (o, mejor, de su antecedente, "Impresiones de un estudiante"), el argumento se le presenta de la vida real. "En los pueblos de mi estado sin médico legista oficial, se imponía gratuitamente el cargo, por turno, a los residentes en él. La casualidad me llevó un expediente para emitir mi dictamen en un proceso por homicidio calificado. Retuve el legajo en mi despacho para estudiar con calma el asunto. Comencé a leerlo y desde las primeras diligencias me di cuenta de que era precisamente lo que yo buscaba, no como perito sino como novelista. Me interesó tanto el caso que lo leí de cabo a rabo como la novela más intensamente vivida ...El caso era de fechorías de un hacendado celoso de su caballerango al que asesinó, rematando la hazaña con la joven y bella esposa causante inocente de la tragedia" (III:1061). El tema parecía avenirse a los códigos del naturalismo, a la demanda de exhibir la realidad en toda su crudeza. Azuela la especifica justamente, y como para completar el cuadro, qué tipo de influencia literaria estaba recibiendo en ese momento: "Por aquellos días la novela realista permanecía atrincherada en los atrevimientos de Emilio Zola y estaban lejos todavía André Gide, Marcel Proust, Marcel Pagnol" (III:1061). *Mala yerba* sigue entonces la enseñanza naturalista, la enseñanza de Zola, y reitera, sobre el terreno de la narrativa mexicana, el *atrevimiento*, la osadía del tema. Envuelto en ella y por ella, distraído de los problemas sociales que estaban en la base del agro y prontos a aparecer también con crudeza aunque no en la literatura sino en la sociedad misma, Azuela se concentró en contar una historia particular, que de todos modos (no era posible dejar de hacerlo) expande lateralmente significaciones sociales, y puede servir asimismo como un documento.

"Caso clínico" llama Azuela al que leyó en los expedientes como improvisado médico legista; en caso literario será convertido dentro de *Mala yerba* y del mismo modo que en *María Luisa*, como puede comprobarse sin mayor abundamiento, la construcción de la historia es retroactiva. Se parte de un desenlace, de un final, y se reconstruyen los antecedentes. No me refiero a la estructura de la novela, que es lineal y que borra estas huellas de composición, me refiero a la composición misma del libro, al hecho de que para escribirlo Azuela tuviera, antes que el desarrollo, el fin. Esto simplemente diseña mejor la ideología del texto, puesto que todos sus sucesos narrados están al servicio de un desenlace y de una conclusión dados de antemano.

Nos interesa buscar los trazos de la ideología del autor y de la novela en la novela misma, a partir de la realidad histórica (como la vimos escuetamente en los textos citados, o como puede verse más abundantemente en una amplia bibliografía sociohistórica), y a partir del texto y de la reflexión del escritor. Pero ya Dessau se propuso antes definir y sintetizar este aspecto en *Mala yerba*, partiendo también de la comprobación de que Azuela no trabajaba directamente con la comprensión de los problemas rurales. "Puede observarse que en *Mala yerba* se cruzan tres conceptos. Azuela no ve la relación entre hacendado y campesinos como de mera explotación, sino una condición de dependencia basada física y moralmente en la violencia, de lo que como en 'Víctimas de la opulencia' [su cuento de 1904]5 hace responsables a ambas partes. Cuando la hija del campesino permite que abusen de ella, para Azuela ello es consecuencia de una depravación racial basada en una sumisión secular. Sin embargo, la realidad se manifiesta brutalmente al autor. En uno de los capítulos menos importantes para la trama en general dice Marcela a las vecinas que ante el jurado no acusó a Julián Andrade por consideración a la familia. En otra parte explica Marcela a Gertrudis por qué se ha entregado a Andrade: "Ya tú sabes que quien manda, manda", y después del proceso rechaza a Julián diciendo: "¿Quién habría de querer a ese desgraciao que no tuvo valor siquiera pa matar por delante al difunto?". Finalmente expone Azuela una tercera interpretación: "La mujer ardiente que provoca conflictos porque en ellos se recrea", "un ejemplar de hembra que acumulaba todas las voluptuosidades del sexo y hacía estremecer la sala entera de lujuria". Este párrafo, con sus tintes naturalistas, concuerda con la interpretación pequeño-burguesa de la mujer como "perversa seductora que da al traste con una vida ordenada".6 Es todo este caudal ideológico el que intentaremos ver ahora en la novela, al mismo tiempo que los signos, en ella, del cambio social.

Es necesario hacer un breve resumen de su línea argumental, y decir que *Mala yerba* narra las vicisitudes de una muchacha (Marcela) tironeada por sus instintos y por los de varios hombres: Julián Andrade, el hacendado; Gertrudis, el peón; el ingeniero norteamericano que llega a asesorar la construcción de una presa. No le cuesta mucho a Azuela describir en pocos trazos la reacción social al tema de la vida sexual de la muchacha, cuando precisamente reúne las expresiones de las "fuerzas vivas" (alcalde, cura, maestro) en una unánime condena por el "pecado". Esta ideología afecta a Marcela solamente como víctima de la presión social, y es tan fuerte que obligará a Gertrudis a abandonarla, ya en el fin del relato. La "mala yerba" no alude a Marcela, como en un primer momento podría parecer, incluso por el hecho de que ella es el personaje central alrededor de quien giran todos los hechos (al punto de que la traducción al inglés se tituló *Marcela, A Mexican Love Story*, 1932), sino a la familia entera de los Andrade, pero en el retrato que de esa familia hace Azuela no hay en ningún momento una denuncia de la estructura del poder, o de la propiedad de la tierra. Los Andrade le sirven para mostrar la decadencia de una casta, en contraste con la heroicidad del pasado.

La aparición del espacio rural motiva en Azuela todo un desenvolvimiento ideológico de la relación instinto humano y Naturaleza. De algún modo, al acercarse a sus expresiones sexuales, los personajes pierden humanidad y adquieren caracteres primitivos: dejan de ser hombre y mujer para transformarse en macho y hembra. Dos ejemplos de lo que sin embargo abunda en el texto de la novela: cuando Marcela decide "entregarse" a Gertrudis para "matarle la ilusión, para salvarlo de ella misma" (ya que al entregarse sexualmente, piensa ella, el hombre se desilusionará de su "pureza"), Gertrudis reacciona negativamente. No importa tanto esta actitud, sino la referencia del texto al describir el abrazo "lúbrico": "Sus carrillos frescos rozan las ásperas mejillas de Gertrudis; sus labios ardientes mariposean palpitantes y sensuales por las híspidas barbas del *macho** que se retira brusco e intempestivo" (I:172). Las referencias a Marcela: "El grito vigoroso del vaquero se reforzaba ahora con el no menos vibrante de la *hembra*" (I:114); "De las súplicas reiteradas [Julián] pasó a la lucha, y la lucha se trabó encarnizada entre el *macho* famélico y la *hembra* embravecida" (I:136). Cuando el norteamericano conoce a Marcela, le reprocha a Julián: "Oh, mocho bueno, don Jolián, mocho bueno, pero osté no ser buen amigo, osté no enseñar mí mejor *ganado*" (I:147). La mujer es vista por los hombres como un animal más de la hacienda, como un objeto del que obtener placer, siendo este placer únicamente el sexual. Marcela representa así un ejemplo típico de la situación feudal pero el texto *también* la ve, la observa, la juzga, en el juego sensual, como algo menos que una mujer, como una hembra.

En *Mala yerba* se desarrolla abundantemente esta ideología de la pureza, según la cual el "instinto" empaña, ensucia, primitiviza al ser humano y le resta no sólo dignidad sino su esencia. Lo acerca a la naturaleza y a los otros animales. Lo inferioriza de acuerdo con el sitial que el humanismo le ha dado en la escala zoológica. Y es en el ejemplo de la mujer, mucho más que en el de los hombres, donde esa ideología se exhibe y tiñe incluso cualquier acertada observación social. Así, el retrato que hace Marcela de sí misma en el proceso contra Julián Andrade, es un ejemplo de la descripción social empapada de ideología. Pero no en vano el texto resume ese retrato y le sobreimprime el análisis y el juicio del narrador: "A preguntas y repreguntas fue conducida insensiblemente a referir su vida de meretriz del rancho. Descorrió el velo de la hija del campo que, al despertar su pubertad,

---

* Este y los demás subrayados me pertenecen.

sabe ya que su fuerza mayor será el ser codiciada por alguno de sus amos..." Su relato, según el narrador, despierta en los presentes el instinto, y ella, advirtiéndolo, intenta sacar partido de esa situación. "Cuando alzó de pronto los ojos, se quedó atónita. Encontraba en las miradas del señor Alcalde, del Secretario y del Escribiente, el ardor de una llama muy conocida por ella. Sus timideces de fingido pudor se esfumaron entonces, desapareció su turbación, y tuvo al instante plena conciencia de su poder y la intuición de la igualdad del hombre, sea cual fuese su jerarquía social, cuando se ha dejado postergar por el látigo de la lujuria" (I:129). Es singular —y este texto lo comprueba— cómo el análisis sicológico de Azuela, cuando existe, tiende a operar sobre los instintos sexuales, y cómo en este tema la referencia se hace inmediatamente metafórica. No sólo la tesis del naturalismo está aquí —todos los hombres son iguales, con las mismas demandas de su instinto—, sino la expresividad con que el instinto aparece: "látigo de la lujuria". Y esa lujuria tiene tal fuerza, tal magnetismo, es a tal punto mítica y satánica para Azuela, que exalta a su personaje (y en esa exaltación la condena): "Sin darse cuenta de ello, el Juzgado caía bajo la influencia de un ejemplar de hembra que acumulaba todas las voluptuosidades del sexo y hacía estremecer la sala entera de lujuria" (I:129).

Desde la perspectiva de otro personaje —Mariana, en las antípodas de Marcela—, esta ideología de la pureza reaparece, satirizada hasta cierto punto por el narrador. Mariana es la "quedada", la solterona que por temor a la presión social y por cortedad de espíritu, ha permanecido al margen de la vida, custodiando su virtud como si ésta consistiera en la exclusión vital. Por ello, cuando pasa por su mente la "tentación" de un encuentro amoroso con Gertrudis, pronto supera la funesta idea: "¡Hum!, eso sí que no. Mariana sabe bien lo que son los hombres. Dejaría de ser quien es para dar un resbalón a estas horas. Por vida de Dios y María Santísima que eso nunca. El que la quiera la ha de tener por derecho, con la bendición del cura, como Nuestra Santa Madre Iglesia lo manda. Que para eso mero, para no llevarle una vergüenza a su marido, ha sabido ser honrada siempre. Y su indómita actitud y sus grandes energías de eso cabalmente le vienen" (I:177). La perenne virgen custodia así su virtud y acabará en la amargura de la soledad, aunque de una soledad honrosa. El caso de Marcela es el opuesto: "hija del campo", "meretriz de hacienda", la deshonra es su estado natural. Lo interesante de comprobar en este último pasaje es la relación de esta ideología de la pureza con los mandamientos católicos, con la fuerza imperativa que en lo moral (en lo espiritual) mantiene la Iglesia a través de sus enseñanzas, de los cánones establecidos desde la infancia, o a través de la censura ejercida por los representantes, los sacerdotes.

La participación de la Iglesia en el establecimiento de esta ideología aparece en otro momento culminante de la novela: cuando Gertrudis le confiesa a Marcela los motivos que tiene para abandonarla e irse otra vez a Morency. "Y Gertrudis habla, revela al fin todo aquello que tan trabajosamente venía elaborándose en su rudo cerebro; la idea que hasta hoy por un milagro de la Santísima Virgen ha brotado al fin. Sí, él tenía imperiosa necesidad de un consejo, y por casualidad en misa mayor vio al señor cura en un confesionario, y la gracia de Dios bajó del cielo. El padrecito le mostró el origen de los males que le afligen, de sus dolores y sufrimientos. ¡Todo ha sido por el pecado! Después le señaló el remedio, le enseñó el camino de su salvación: 'O te casas con esa mujer o... ' " (I:216). Y en consecuencia se marcha, para no seguir viviendo en el pecado del "amasiato", dejándole a Marcela una cierta cantidad de dinero, "para que se aparte de su vida de pecado" (id.). En este aspecto, es obvio que el texto deja ver la posición del autor: hay una toma de partido contra la cobardía implícita de Gertrudis en ese abandono; hay un remarcamiento del dictum religioso, que por una parte denuncia la influencia, la intervención en la vida particular, pero por otro realza el tema sin resolverlo, deja pendiente la noción de "pecado" y su realidad no sólo en el ejemplo de Marcela, al que se aplica, sino en la vida misma.

Cuando en su texto "El novelista y su ambiente" señaló Azuela el origen memorioso de su novela trasladándolo a una práctica escritural (la literatura reproduce la verdad de lo experimentado), aprovechó también para expresar su profesión de fe realista. "Con el mismo placer hago memoria del olor del tomillo en el campo, que del humeante estercolero en los corrales de la ordeña y de la boyada. Quizá tal sea la razón por la que el arte realista de hoy, y de ayer y de todos los tiempos me fascina y me arrebata. No es materia de educación ni de disciplina, sino algo que arranca de lo más íntimo de mi alma". Y luego continúa la digresión indicándose capaz de admirar el arte clásico, mas no así lo que llaman arte moderno. "Lo que nunca he podido comprender es cómo ciertos pálidos idealistas a quienes lo deforme y lo feo pone carne de gallina se quedan extáticos de admiración ante algunos cuadros de pintores modernos, que propiamente no son sino la exaltación de lo deforme y la glorificación de lo feo. ¡Tan poderoso así es el imperio del *snobismo* y de las modas!" (III: 1056). En la primera de las afirmaciones, Azuela toma equidistancia: olor del tomillo o del estercolero, todo lo acepta la literatura realista, porque todo está en la realidad. Esta capacidad del arte para asumir las contradicciones de la naturaleza aparece orgullosamente asumida por Azuela y es la que define, para él, el estilo. Pero el naturalismo, dentro de la estética realista, implica una tendencia, y Azuela lo aceptaba implícitamente al admirar el "atrevimiento" de Zola, que él imita en *Mala yerba*. Atreverse es desafiar, es *decir* lo que no está dicho o no puede decirse, es mostrar una realidad *terrible* y no una simple realidad. Es la tendencia que no demora mucho en asumirse como ideología, es decir, en "interpretar" la realidad a su modo y presentarla como la sola y única realidad. Azuela lo hace en diversos niveles, y tal como lo vimos antes, el más extenso es el de la representación realista, más allá de la metaforización con que encubre (a veces con propósito embellecedor, para hacerlos tolerables) ciertos tabúes como el sexual. Sin embargo, y por vez primera en sus novelas, puede encontrarse en *Mala yerba* un nivel simbólico, en el que la descripción y narración de lo real se exacerba hasta encontrar ciertos paralelos, ciertas equivalencias o, mejor aún, ciertos desplazamientos de significados propios de la dinámica del símbolo.

El mejor ejemplo de lo que acabo de señalar es la situación final de *Mala yerba*, cuando los dos antagonistas principales, Julián y Gertrudis, contienden por Marcela. Es, por un lado, la carrera de caballos; por otro, el toreo. En ambos casos —caballo y toro—, las figuras asumen no sólo la representatividad realista, ya que no se cuenta nada fuera de las comunes faenas y fiestas del campo, pero en un segundo nivel los paralelismos de significado son tan nítidos, aunque no expresados, que parece haber privado en Azuela, consciente o inconscientemente, la presentación de lo simbólico. Veamos este asunto con mayor detalle. La carrera de caballos y la tarde de toros se presentan casi como cuadros de costumbre; pero son momentos de tensión porque en cada uno de los episodios interviene uno de los protagonistas. En la carrera de caballos (Capítulo XX) Gertrudis monta la yegua de su patrón, Julián, gana la carrera y *gana* también a la mujer por su patrón codiciada. Es como una justa medieval, en que el ganador lleva el premio supremo, no siempre proclamado. Y ganar es establecer la virilidad, la superioridad del *macho*. En un pasaje poco posterior (Capítulo XXII) Julián aparece en la plaza de toros haciendo exhibición de su coraje y destreza de lazador, y culmina "su faena triunfal" con el orgullo del triunfo mientras "las dianas se ahogan en la gritería y en los aplausos" (I:214). La carrera de caballos, que es el triunfo del movimiento, y la reata del toro, que es por ende la detención, establecen lo que ambos personajes, Gertrudis y Julián, van a realizar en otro orden del relato, en la historia privada que no puede desarrollarse ni en las pencas ni en las plazas, sino en la sombra de los sentimientos y de los interiores. De algún modo —sin duda de un modo indirecto—, esta doble actitud presagia el final. Al matar a Gertrudis, Julián está deteniendo el movimiento triunfador de la carrera hacia la mujer deseada; y lo detiene con la misma brusquedad con que ha caído el toro en la arena.

Este nivel subyacente del texto, en que los significados juegan resbalosamente en la ambigüedad pero señalan también la dirección de sus tendencias, no había sido hasta este momento de la obra de Azuela ni frecuente ni desarrollado. No lo será tampoco en las novelas siguientes, dentro del ciclo revolucionario, salvo en algunos pasajes de *Los de abajo*. El estilo de Azuela es mucho más directo en estas novelas, que corren sobre los andariveles del realismo, sin aventurarse en otras osadías que las ocasionales de la temática.

Si hasta aquí hemos visto algunos ejemplos de cómo se manifiesta la ideología en el diseño de la historia principal, es momento de referirse a la dimensión social del libro. A la "mala yerba" del título. A la familia de los Andrade. En su historia y descripción reaparecerá la ideología.

Don Pablo es un personaje secundario pero fundamental: es la voz de la historia, la callada sabiduría popular que conoce todo lo que ha sucedido y que a menudo tiene el don de saber el porvenir. Personaje típico —el anciano de la tribu, a veces el sabio o el "loco" de pueblo—, es quien denosta a los Andrade como la "raza miserable de asesinos" que son, esos "tigres sanguinarios" (I:119), esa "manada de chacales" (I:163), ese "producto degenerado, podrido" (I:116), de un "rapaz latrofaccioso" (I:152), de esa "raza de cerdos" (I:217), epítetos todos de los cuales hace gala el texto y de los que se responsabiliza el narrador, no sólo sus personajes. En la conciencia de don Pablo se cuela la ideología, al menos la que establece que el pasado fue mejor, que en el pasado estaban los hombres verdaderos, siendo el presente un mero ejemplo de la decadencia moral y física de una "raza". En esta glorificación del pasado aparece también una revaloración del ancestro gachupín, español, que había dado el tipo criollo en nuestro país y que no era odiado, por ello, tanto como el "gringo"; no sólo no era odiado, según puede colegirse de las palabras de don Pablo, también había una secreta admiración por aquel ancestro: "De valientes tenían fama los abuelos de mis amos, los que de allá de las Españas, del otro lado del mar, vinieron a este reino. ¿Valientes? De veras que sí: ni quien se los niegue, ni quien se los quite. De éstos, de los de hoy en día, nada tengo que decirles; ustedes los conocen, ustedes los están viendo" (I:119).

No podemos, sin duda, atribuir esta "tendencia arcaizante" con toda su carga ideológica de glorificación del pasado, al autor, a Azuela, pues le corresponde a un personaje, a una *voz* de la novela; lo que en cambio sí le corresponde a Azuela es la noción (naturalista) de la "degeneración" de una "raza" (concepto este último que hay que identificar con clan, con familia de antiguo origen). En cuanto a la presencia "gachupín" en las novelas de Azuela, su insignificancia coincide con la observación de Rutherford, quien precisamente ha conjuntado un gran número de novelas de la época, para estudiar *La sociedad mexicana durante la revolución*. Rutherford afirma: "Los españoles residentes en México durante la Revolución no precisan de tanta atención [como los norteamericanos]. Sólo vale la pena mencionarlos porque la Revolución a veces se ha interpretado como un movimiento planeado con el fin de afirmar el nacionalismo mexicano erradicando la influencia y las tradiciones hispánicas. Si esto fuese cierto, cabría esperar que hubiera durante la Revolución una hostilidad generalizada hacia los españoles. Pero no hubo tal cosa. Es cierto que los españoles en México tendían a ser antirrevolucionarios, como era de suponer debido a la posición que ocupaban en la sociedad". Cita luego a Edith O'Shaughnessy, A Diplomat's Wife in Mexico (1916); "Los españoles son los comerciantes de México. Ellos manejan las incontables casas de empeño; ellos son los usureros y prestamistas de todo tipo; los capataces de las haciendas, y los dueños de todas las tiendas de abarrotes; en realidad, controlan la venta de casi todo en México", para concluir en que, "sin embargo, los novelistas no se interesan mucho por ellos".7

Pero si los gachupines (expresión, vale alertar, peyorativa, lo cual pone en cierto entredicho la alegada ausencia de hostilidad) no atraían notoriamente la atención crítica de los novelistas, en cambio los "gringos" (otra expresión peyorativa) aparecen constantemente referidos a veces con desdén, casi nunca con odio, en las novelas de Azuela, entre ellas Mala yerba. El sentimiento antinorteamericano tenía larga data en el país y más aún desde el despojo de gran parte de nuestro territorio en 1868. Ya durante el porfiriato, y aunque en el ocaso del mismo se denunciaron desmedidas concesiones a extranjeros norteamericanos, se buscó compensar la influencia de Estados Unidos, y Francia vino a propósito para ello. Luis González cita en este tema a Cossío Villegas: "México comenzó a delinear y practicar lo que sería más tarde un principio cardinal de su política exterior: hacer de Europa una fuerza moderadora de la influencia, hasta entonces única, de Estados Unidos; sintió la necesidad de buscar en ella un apoyo moral, un respaldo político, una ayuda económica...". Y añade González, por su parte: "Y buscó, sin apartarse de los lineamientos patrióticos establecidos por Juárez, reanudar relaciones con los países europeos. Así se reanudaron las relaciones oficiales con Bélgica, Alemania, Italia, Francia, España e Inglaterra y nos brotó una voluntad desmedida a lo francés".8 Esta es la "voluntad" que en lo estilístico acerca Azuela a Zola, o explica al menos en parte la oportunidad de la aproximación. Pero ante todo motiva la conformación social de una oligarquía de tintes peculiares. Lo dice Meyer: "Esta oligarquía, que no tiene la antigüedad de sus vecinas peruana y colombiana, nació de la unión de las viejas familias criollas con los hombres nuevos del partido liberal en el poder desde 1867. En ella los extranjeros son numerosos y acentúan la tonalidad europea de su estilo de vida. México imita a París y Puebla imita a México. Las buenas familias de Tlaxiaco, mercado de Oaxaca, importan vestidos y muebles directamente de París. Este cosmopolitismo alocado corre parejas con la distancia que separa al pueblo de los oligarcas".9

La influencia de lo francés, compensación de la influencia norteamericana, tiene su equivalencia inversa en el odio al gringo y la tolerancia, a menudo admiración, por lo europeo. A riesgo de la abundancia de transcripciones —que de todas maneras sintetizan problemas de suyo complejos— vale la pena recordar cómo Rutherford expone la "presencia" agresiva del imperialismo y la reacción popular, política e intelectual ante los norteamericanos: "Incluso antes de que estallara la Revolución, los ciudadanos norteamericanos residentes en México eran mirados con hostilidad por la gran mayoría. El miedo al poderío y a las intenciones imperialistas de los Estados Unidos ya era general en América Latina a principios del siglo veinte. Para esta época, prácticamente todo el territorio de los Estados Unidos estaba poblado y comenzaba la expansión más allá de sus fronteras. Este nuevo espíritu imperialista se puso de manifiesto en las intervenciones de ese país en la Guayana Británica en 1895, en Cuba y Puerto Rico en 1898, en Panamá en 1903, y en el Corolario de Roosevelt a la Doctrina Monroe en 1904, que proclamó que los Estados Unidos eran un cuerpo de policía internacional para todo el continente americano. A Rubén Darío se le atribuye la afirmación: "¡Pobre México, tan lejos de Dios y tan cerca de los Estados Unidos!" (la clara luz del Valle de México hacía que el cielo se viera más alto que en otras partes, antes de la contaminación industrial). Era inevitable que esta peligrosa proximidad creara una serie de episodios propicios para que los mexicanos sospecharan de todos los estadounidenses; la anexión de Texas y la guerra del 47; los muchos aventureros que vinieron del norte durante el siglo diecinueve para explotar los levantamientos mexicanos y hacer fortuna con ellos; los incidentes fronterizos. Sin embargo, tal vez fue sobre todo la posición privilegiada que se concedía a los estadounidenses bajo el régimen de Díaz, lo que hizo recrudecer el resentimiento. Un epigrama popular en 1910 decía "bienaventurados los yanquis, porque de ellos es la República Mexicana".10

Resulta difícil determinar en *Mala yerba* cuál era la actitud del autor frente a lo norteamericano, más allá de cierto desdén mezclado con admiración. En tanto documento, la novela sirve para comprobar el éxodo laboral hacia el sur de los Estados Unidos como una zona en que el trabajador podía, si no enriquecerse, al menos regresar con cierto dinero a su pueblo. Es el ejemplo del "morenciano" Gertrudis, quien cada vez que regresaba a San Pedro de las Gallinas había modificado su atuendo: "En vez de las burdas ropas de manta, negras de sudor y tierra, llevaba restirado pantalón de mezclilla, con botones y remaches de latón, corbatín encendido, tirantes morados a cada lado de la lustrosa pechera planchada, zapatón americano, reluciente de pura grasa, con fieros clavetones; todas las modas y novedades traídas de Morency" (I:143-4). Y no sólo la vestimenta, sino también la admiración colonizada por la eficacia del trabajo extranjero. Al saber que un gringo llegará para construir la presa que los Andrade han proyectado en sus tierras (signo de la modernización), Gertrudis avala: "Pos si gringo viene a deregir —tercia Gertrudis, el pastor de caballerizas, mocetón robusto que desde su regreso a Morency gusta de tomar parte en consejo de gente seria—, si gringo es, ya pueden contar con que la presa está hecha. Yo no sé la que cargan esos demonches, pero pa lo que yo vide po'allá en Estados Unidos, éstas son tortas y pan pintaos. Con decirle, don Pablo, que levantan diques de purito jierro" (I:138). La ideología de la superioridad norteamericana está montada sobre la admiración —callada o explícita— por el "progreso" industrial agrícola del país vecino. Ello no altera la contravoz, la voz ancestral (como se caracterizaría a don Pablo), que muestra el otro lado de la medalla, aunque vencido por el desarrollismo y el impetuoso avance del que México no podía ya escapar: "El [parecer] de don Pablo es adverso naturalmente; en ese depósito de agua lo que el niño don Julián va a hacer es tirar su dinero, regalárselo al gringo" (I:138). Parecer, opinión, derrotada por la historia, y acaso también por la lógica, ya que se basa en el temor al cambio y no en la advertencia política, ni en un análisis de la dependencia.

Otras referencias al gringo, en esta novela, muestran el temor popular como origen del rechazo. El "rapta" a Marcela durante algún tiempo, así como después se va a su país de regreso abandonándola como a un objeto usado. Pero no hay siquiera crítica a esta actitud: lo que la gente teme es la corrupción de su catolicismo (temor que Azuela satiriza): "Cuando Mr. John se instaló en San Francisquito, pueblo cercano a un gran puente de la línea del F.C.M. que estaba en construcción, la gente se alarmó. Era bastante con que el advenedizo viniera de esos países infectos donde prosperan las nefandas doctrinas de Lutero, para que las gentes pudibundas y asustadizas temieran el contagio y aun la muerte eterna de algunas almas buenas" (I:209). Esto no es así, nada terrible ocurre, y el retrato que hace Azuela del gringo resulta hasta halagüeño: dispendioso con el dinero (no necesitaba mucho para hacerlo), se ganó la voluntad del pueblo. Y nunca habló de religión.

La mención a los Estados Unidos como un factor de agresividad, y de la política mexicana como del entreguismo comercial y económico no aparece, pues, en *Mala yerba*, pero hay un diálogo en *Sin amor* en que refiere a este asunto:

"—El Gobierno sigue haciendo de las suyas; ahora asesinan las tropas a gentes inermes, a mujeres y niños. ¿No han leído lo que pasó en Tlaxcala?

—El Gobierno va a caer a machetazo limpio. Lo que yo he dicho siempre —respondió Manuel Longoria, amodorrado.

—En México se acabaron las revoluciones —gritó Tito Torralba—, no las hay porque no puede haberlas.

—¿Por qué?

—Porque no hay bandidos y para las revoluciones son indispensables los bandidos... Don Porfirio los tiene colocados a todos.

El concurso se animó con una estrepitosa carcajada.

—Lo que va a ocurrir es que don Porfirio nos entrega atados de pies y manos a esos malditos yanquis.

—Sería lo mejor que pudiera sucedernos.

—¡Qué bárbaro! No digas esos disparates, Longoria.

—No son disparates: con los yanquis tendríamos derecho siquiera. México ha sido siempre para los extranjeros y no para los mexicanos. Disfrutaríamos de la libertad de cultos..." (I:313).

México ha sido siempre para los extranjeros y no para los mexicanos: este sentimiento, generalizado en la cultura popular, provoca no la xenofobia pero sí el resentimiento y el rechazo del vecino más agresivo, los Estados Unidos. Y al mismo tiempo, como lo muestra este mismo texto, vivo y contradictorio, pervive la admiración, la constitución del *modelo*. Son los sentimientos encontrados, opuestos, de la oligarquía porfiriana. Durante la Revolución, el afán intervencionista de los Estados Unidos aumentó sin embargo la distancia que separa ambos países. Distancia no física: distancia cultural, distancia lingüística, distancia de concepción de la vida.

Situación rural: la violencia de los patrones no sólo como el caso clínico de que hablaba Azuela, sino también como un signo de la sociedad, esto es lo que incompleta, insuficientemente, *Mala yerba* expone como un crisol donde se funden varios problemas de la época. Para González de Mendoza, ya en 1937, esa cualidad era la que convertía a *Mala yerba* en el antecedente inmediato de *Los de abajo*. Con sus palabras: "*Mala yerba*, por ser la pintura del estado de cosas que dio motivo a la Revolución, constituye un apropiado prólogo a la lectura de *Los de abajo*".11 Aunque esta opinión no sea en puridad acertada, ya que Azuela ni se propuso mostrar ni mostró la situación causal del estallido revolucionario, por cierto constituye un buen prólogo a *Los de abajo*, porque ha de explicar las confusiones ideológicas, las aspiraciones frustradas de aquella novela de 1915 como la representación del pensamiento liberal en la derrota.

Sin amor, como dije al comienzo de este capítulo, no tiene las proyecciones ni la amplitud de visión de mundo que estaba buscando expresar Azuela ya en *Los fracasados* y en *Mala yerba* particularmente, pero es un buen complemento de la primera de estas dos novelas nombradas porque en ella continúa la disección social allá emprendida. Para Dessau, *Sin amor* es mejor que *Los fracasados*: al menos "la trama tiene una relevancia social mucho mayor",12 y para el propio autor constituyó "un estudio de la burguesía pueblerina" (III:1062). Sin embargo, el mismo Azuela le restó importancia, señalando que "no en el asunto mismo sino en la manera de tratarlo, en su forma", "algo extraño a mi modo natural, que rompe con mi espontánea y ruda franqueza, me causa repulsa" (III:1064). De manera que abjura de su novela y la deja de lado, ya no la reimprime. Este rechazo del escritor por su obra ha sido fielmente seguido por los críticos, sin un análisis particular de los motivos o bien de lo que constituía en verdad el elemento "extraño" que en la novela Azuela rechazaba. Para Leal, hay toda una serie de motivos: el mimetismo ante la "novelística francesa", el estar "basada en la novela de Santiago Rusiñol (*El pueblo gris*)" y el que significara "un retroceso en la técnica".13 Ninguna de estas razones es convincente, ya que *Sin amor* no se diferencia sustancialmente de *Los fracasados* ni en el tono narrativo ni en el ambiente de la sociedad provinciana.

El interés de *Sin amor* radica en que, sin tener la amplitud de motivos de las otras novelas, establece un claro ejemplo de los arribismos sociales. Cuenta la historia de una madre que, frustrada en sus sueños de ascenso social, lo planifica y determina para su hija, sin preocuparle la voluntad de ésta, inconsciente también de causarle la desgracia del matrimonio por conveniencia, "sin amor". En la figura de Lidia, o en los personajes del entorno (como el inefable matrimonio de Chucho Fernández y Escolástica Pérez), las intenciones satíricas de Azuela quedan a la vista, y en términos gruesos tiene su efecto crítico. Por ejemplo, la educación exclusivista en que comienzan por deslindarse las fronteras entre oligarquía y "pelusa", es una verdad dicha a voces en nuestro país y subsiste hasta hoy día. En *Sin amor* esta educación aparece expuesta en todos sus términos y demuestra precisamente cómo la organización educativa es un elemento de lucha de clases a partir de la distinción social. Aunque Azuela tampoco se propuso en esta novela mostrar los mecanismos de explotación (física o intelectual) del hombre por el hombre, al menos los elementos para dicho análisis no se escamotean. De haber sido su propósito, el mismo asunto novelístico habría podido mostrar cómo la educación, por ejemplo, tan dominada y controlada por las oligarquías pueblerinas, es utilizada como arma.

En *Sin amor* se continúa la línea de la novela de heroínas, y Ana María pertenece a la estirpe de las muchachas humildes, como María Luisa y Marcela, que las tensiones sociales acaban por frustrar. Lo que tal vez abatió esta novela en la consideración del propio autor es el hecho de no haber partido de una observación directa, de un hecho real, como era ya un hábito en su composición literaria. Típica antes que relato de una historia particular, constituyó uno más de tantos casos provincianos. De todos modos, creo que constituye un eficaz complemento de *Los fracasados* en el diseño de la frustración del medio provinciano. Pero tal vez la rapidez de los cambios sociales, el hecho de que la revolución ya estaba encima, viva y controversial (no olvidemos que *Sin amor* se publicó en 1912, aunque hubiese sido escrita antes), hacía que el mismo análisis se convirtiera en obsoleto y anacrónico. Otra realidad estaba demandando la atención, y precisamente era una realidad que había subvertido todos aquellos valores estáticos ya morosamente observados y descritos. De ahí que *Sin amor* cierre una etapa o, mejor, que esa etapa inicial de la obra de Azuela se viera clausurada abruptamente, sin piedad, por la vertiginosa sucesión de los hechos. "Con esta novela terminó el primer ciclo de mi producción" decía Azuela varias décadas más tarde, "en los momentos en que el país comenzaba a estremecerse con la revolución de Madero en el Norte" (III:1064). Otras pasiones —ya no sociales sino netamente políticas— comenzarían desde entonces a desarrollarse. Y otro ritmo, otra velocidad, a imprimirse en su literatura.

V. "NARRADOR PARCIAL Y APASIONADO"

En 1906 y 1907 la represión a los obreros (Cananea, Río Blanco) mostró que el régimen de Porfirio Díaz podía llegar a límites sanguinarios, y que el lema "poca política y mucha administración" ocultaba un férreo control clasista. Pero la Revolución Mexicana, que comenzó el 20 de noviembre de 1910 y que tuvo sus primeros levantamientos en Chihuahua y Puebla, no fue de inspiración proletaria ni campesina: su primera etapa, maderista, tenía marcos muy precisos en su ideología: los de la burguesía liberal opositora del régimen.

Los sucesos se suceden rápidamente a partir de estas fechas y terminarán, en su primera instancia, con el derrocamiento de Díaz. En enero de 1908 Díaz, en la célebre entrevista con Creelman, había señalado que aquél sería su último periodo presidencial; estas declaraciones animaron a los opositores, como Francisco I. Madero, quien publicó en diciembre de ese mismo año su libro *La sucesión presidencial* y fundó, en mayo del año siguiente, el centro antirreeleccionista. Las actividades políticas de Madero lo condujeron a la cárcel (1910), de la que escapó para promulgar casi de inmediato el "Plan de San Luis" el 5 de octubre del mismo año. Este Plan desconoció a Díaz, nombró al propio Madero como presidente provisional e instó a que el 20 de noviembre el pueblo se levantara en armas contra el dictador; al mismo tiempo señalaba las futuras características del régimen maderista, sus orientaciones y limitaciones. Como dice Jesús Silva Herzog: "Se observa claramente que a don Francisco I. Madero le importaba sobre todo el problema o los problemas políticos, ocupando un lugar secundario en su cuadro de ideas y principios los de carácter económico y social".[1] Por ello, este Plan de San Luis Potosí es "pobre, pobrísimo en lo económico y lo social", salvo por el artículo 3o., donde hay una concesión a las necesidades y a las preocupaciones del sector rural marginado.

La Revolución no se gana el 20 de noviembre, pero hacia mediados de mayo las tropas insurgentes se apoderan de Ciudad Juárez y allí se establece el gobierno de Madero. Merced a intensas gestiones (no al triunfo militar ni popular), Porfirio Díaz renuncia el 25 de mayo y se marcha a Europa. El hecho de que el gobierno se hubiese conseguido mediante gestiones para acabar de una vez la guerra, limitó drásticamente las posibilidades de cambio. Por ejemplo, el ejército porfirista se mantuvo intacto. Logrado el gobierno mas no el poder, las fuerzas revolucionarias empezaron a disgregarse: Emiliano Zapata, el líder agrario, desconoció a Madero y expresó su propio "Plan de Ayala": las preocupaciones zapatistas eran y seguirán siendo en lo fundamental económicas y sólo se solucionarían con la distribución de los viejos latifundios entre los campesinos de Morelos. La suerte aciaga de Zapata consistió en que su influencia estuvo siempre limitada a su Estado, en que su preocupación fuera casi únicamente la reivindicación agraria y en que la Revolución nunca satisfizo aquellas demandas. A lo largo de 1911 y 1912 el antimaderismo recrudeció: Orozco en Chihuahua, Bernardo Reyes en Nuevo León, Félix Díaz en Veracruz, comandaron en diversos momentos el estallido opositor. Y fue en 1913 que esta primera etapa llegó a su culminación, cuando en la *Decena trágica* Madero nombró a Victoriano Huerta general en jefe de todas las tropas con la finalidad de derrotar a las fuerzas de Félix Díaz. Propiciada por el embajador de Estados Unidos, Henry Lane Wilson, la traición a Madero se concertó: el propio Huerta apresó a Madero y pocos días después lo hizo asesinar. Se dio comienzo entonces a una segunda etapa de la Revolución Mexicana signada por el recrudecimiento de la reacción, y la lucha, por otro lado, contra el "usurpador" Victoriano Huerta.

Estos hechos enmarcan la primera decepción de Azuela y el comienzo de una nueva esperanza (que se trocará después también en decepción). Como lo ha contado el autor en su texto sobre *Andrés Pérez, maderista* y *Los caciques* ("El novelista y su ambiente"), su participación en el maderismo, así como su adhesión intelectual y emocional fueron fervorosas desde un comienzo aunque consideró que las debilidades de Madero y de los hombres que constituían su gabinete, motivaron el fracaso del proyecto liberal y en definitiva la caída del gran idealista. Años después de esta participación, con la perspectiva de varias décadas transcurridas, Azuela consideraba que "la aventura maderista fue, en verdad, disparatada, digna de gente de manicomio, pero los que teníamos en las venas algunas gotas de sangre en vez de cinco litros de atole, la seguimos desde sus primeros momentos, dispuestos a tomar nuestro sitio en el movimiento, en cuanto sonara nuestra hora" (III:1068). El inicial compromiso de Azuela no fue sólo en la organización de la oposición política, en la lucha previa al derrocamiento del dictador Porfirio Díaz; una vez alcanzado el gobierno por Madero, Azuela llegó a ser nombrado Jefe Político en Lagos, puesto que ocupó durante corto tiempo hasta que la tendencia huertista lo desplazó. Esta experiencia es la que marca el "gran fracaso de la revolución" (III:1070) pues le permitió comprobar que incluso una vez caído el dictador, nada cambiaba sustancialmente. Y antes aún de que Madero asumiera el poder, "el gobierno provisional del presidente don Francisco León de la Barra se había convertido en madriguera de tejones que por medio de combinaciones e intrigas políticas estaban socavando profundamente los cimientos del nuevo régimen" (idem.).

Esta problemática, la de un cambio político que no es tal, o que se frustra porque permanecen las viejas estructuras mediatizando, obstaculizando o directamente impidiendo el cambio, informa, como nervio central, a *Andrés Pérez, maderista* (1911) y *Los caciques*, novela esta última escrita hacia 1914 pero sólo publicada en 1917; después, por lo tanto, de *Los de abajo*. Con estas dos novelas Azuela se sacude del pesado bagaje del naturalismo en su vertiente costumbrista; ya no se trata de establecer el cuadro de la realidad entorno y realizar una disección que pudiera ser más o menos crítica; ya no se trata de enjuiciar a las burguesías provincianas, ni de contar el desarrollo patético de las vidas de sus "heroínas" en un medio social apático, donde todo está congelado por el inmovilismo conservador típico de la vida de pueblo. Si ya no es posible el estilo ni el *ethos* costumbrista, esto sucede porque el país está en llamas, porque la misma realidad se subvierte, y no deja al escritor otra opción que la de tomar rápidamente partido.

De manera que la propia literatura de Azuela adopta un cambio señero. Y es *Andrés Pérez, maderista* su primer ejemplo.

Andrés Pérez, maderista exhibe un ritmo narrativo mucho mayor que las novelas anteriores; estructuralmente, se trata de una comedia de equívocos (o enredos) y aunque Azuela no le da un tratamiento humorístico, la ironía de las situaciones admite una fruición narrativa inexistente en sus otros libros. Andrés Pérez es un periodista capitalino que, hastiado de la violencia de la ciudad de México, y aprovechando una invitación de su viejo amigo Toño Reyes, hacendado, se marcha a Villalobos. Ya la descripción inicial de los sucesos en Ciudad de México muestra la incertidumbre política del ambiente y la agitación: la policía reprime una manifestación de estudiantes y el periodismo sólo puede hacer lo que el sistema le permite, esto es, alterar y deformar la verdad y ocultarla. Hay aquí un buen ejemplo —denunciatorio al mismo tiempo— de la falsa ética periodística, y vale citarlo porque de algún modo explicará el odio acérrimo que en éste como en libros posteriores desplegará Azuela contra los intelectuales.

"Me puse a la mesa y escribí: 'Gran escándalo provocado por la Policía. Niños perseguidos y atacados como fascinerosos'. Un impulso automático adquirido en mis largos años de reportero de *El Globo* me obligó a corregir prontamente el estúpido encabezado. 'Graves desórdenes provocados por los estudiantes. La Po-

licía obligada a tomar medidas de rigor para reprimirlos'"
(II:766).

La anécdota de esta inversión noticiosa de los hechos sirve
para mostrar desde el comienzo cuál será el tema de la breve
novela y cuál su "tesis fundamental": lo real enmascarado por las
apariencias, la apariencia manipulada por el Poder a su provecho.
Si la realidad ha de estar dada, entre otros vehículos, por el periodismo cuya función es informarla, darle "forma" y expresión, el
ejemplo del que parte Azuela resulta notablemente claro y didáctico sobre lo que nos quiere decir: y es que la realidad no está
en el periodismo, ni en el discurso político, ni en el discurso intelectual; la realidad reside tras los velos de todos estos intermedia-
rios, y es también la *comedia de enredos* que ellos motivan.2

Una vez que Andrés Pérez, periodista mediocre ("pobre diablo abúlico", lo calificará el autor muchos años después), se ha
instalado en el campo, en la hacienda de su amigo, llega al lugar
una orden de arresto, con la acusación de "maderista". Las influencias de su amigo posponen la detención, mientras el equívoco
no sólo subsiste sino que aumenta: todos lo creen "maderista"
y organizador de la lucha política, lo comprometen en una acción
clandestina y consiguen incluso fondos para ella. Andrés Pérez
se ve envuelto en esta comedia que él no ha provocado, y arras-
trado a sus consecuencias que podrían ser fatales. Pero el triunfo del maderismo lo convierte, al final, como en una vuelta de
tuerca de la acción, en el combatiente que nunca fue, en el héroe
que otros inventaron.

A través de esta historia, Azuela denuncia un fenómeno que
caracterizó al primer momento del triunfo maderista: el que los
partidarios de la dictadura se convirtiesen súbitamente en partidarios del nuevo régimen, que por arte de magia su pasado no
sólo se olvidara sino que sufriera total transformación. Uno de
los aspectos que habían conducido a Azuela a su gran "desencanto" ante el nuevo orden de cosas, era la permisividad ante el
viejo orden, y que en *realidad* nada estuviera cambiando aunque
en las *apariencias* ese cambio se adujese y festejara. La situación
descrita aparece expuesta al final de la novela con todas sus letras: precisamente Andrés Pérez, pronto a regresar a México,
mientras espera el tren, lee en un periódico (significativamente llamado "El Pueblo Libre") el siguiente texto bajo el encabezado
"Lo maderistas de última hora":

"En los momentos en que vemos asombrados, cómo se desmo-
rona la administración porfiriana, enorme como un almiar de ras-
trojo, poderosa como un ejército de palmípedos, podrida como una
casa de lenocinio, un enjambre de negros y pestilentes moscones
escapados de ese antro donde nunca pudieron ser sino abyectos
y despreciables moscones, ahora viene hambrienta a echarse sobre
las primicias de la revolución en triunfo. La canalla que no cono-
ció otras armas que las del incensario ni tuvo más aptitudes que

las del reptil, se endereza vacilante, se cruza cartucheras sobre el pecho y se prende cintas tricolores..." etc. (II:799).

Se adivina bajo este lenguaje y en la denuncia de los hechos que realiza, el furor de la impotencia al comprobarse que la sangre derramada o los ideales comprometidos, no tienen recompensa. Los "viejos lobos del porfirismo" se lanzan en manada sobre la joven revolución y acaban con ella a dentellazos.

Los hechos, pero tanto o más que los hechos, las propias convicciones humanistas y liberales de Azuela, imponen la decepción. Porque en ningún momento Azuela se plantea la revolución como otra cosa de lo que es, un levantamiento político. Por otro lado, hay y habrá siempre en él una visión fatalista de las cosas, visión que, junto con la perspectiva clasista pequeñoburguesa, le impide otorgar al pueblo confianza en su capacidad política. Ese fatalismo es en el fondo reaccionario, y pese a todo Azuela continuó participando en la Revolución después de la muerte de Madero, cuando las fuerzas villistas tuvieron la opción de oponerse exitosamente a Carranza. En el texto testimonial sobre esta época y sus ideas políticas, Azuela nos orienta a un diálogo de *Andrés Pérez, maderista*, en el cual nos dice, está "el conflicto íntimo", la "lucha conmigo mismo", es decir, los dos términos de oscilación entre fatalismo y esperanza. El diálogo citado contiene las dos posiciones: a) el mito del eterno retorno, de la inmovilidad detrás del cambio, de la imposibilidad de salir del círculo vicioso. "Los pueblos han derramado siempre su sangre por arrancarse de su cuerpo los vampiros que los chupan, los empobrecen y los aniquilan, pero nunca, ni uno solo, han conseguido más que sustituir unos vampiros por otros vampiros... La ley de la vida es la ley del más fuerte..." (II:792). Esta es la ideología darwiniana: en la selva de la vida vence quien está biológicamente más capacitado. En la sociedad, por ende, vencerán siempre las clases poderosas. b) Don Octavio responde a Andrés Pérez: "Las convicciones intelectuales, amigo mío, son unas, nuestros actos otros: usted no podrá comprender la conducta del ateo que en un momento de suprema angustia vuelve los ojos al cielo para implorar o maldecir, si olvida que el atavismo, la educación y el medio, son fuerzas, no por imponderables menos poderosas que las de esta pobre rana desnuda que es el hombre; no comprenderá que el anarquista individualista se levante de golpe y se lance a la pelea en defensa de su patria cuando siente amenazada su nacionalidad, porque en ese instante se le olvidan las teorías de que atiborró su cabeza y deja que su raza se imponga con una fuerza infinitamente superior a todas las dialécticas..." (Idem.). Aquí la ideología vuelve a ser naturalista, con la apelación a lo soterrado del hombre, en este caso una suerte de peculiar instinto por lo nacional. De todos modos, pese a que en el fondo de esta ideología resida el determinismo, ofrece al menos una salida, una esperanza: la de que el hombre se levantará contra la injusticia cuantas veces sea necesario; no importa que sepa que su gesto no tendrá consecuencia. En *Los de abajo* el diseño de esta ideología será aún más claro, cuando Azuela describa a los revolucionarios como una fuerza sin conciencia de sí, a través de dos imágenes: una piedra que cae incontenible en el abismo, una hoja suelta en el vendaval. Del ciclo naturalista a este nuevo ciclo, político, cambia la obra novelística, como su concepción del arte: una cosa va con la otra, y se distinguen especialmente en estos tres factores: a) las múltiples referencias al presente otorgan a su narrativa, a partir de *Andrés Pérez, maderista*, la dimensión temporal. En las novelas anteriores Azuela descubría sucesivos "espacios" —el del hogar, el espacio rural, la hacienda, la provincia, el pueblo—, pero a partir de *Andrés Pérez, maderista*, importará más el presente como un tiempo en combustión, un tiempo que hay que analizar rápidamente con la perspectiva de un futuro inmediato. La novela se hace ávida de referencias al presente político, con un propósito, quién sabe hasta qué punto asumido y concientizado, de influir sobre los sucesos de la realidad circundante; b) la política asume el primer plano de importancia, mucho mayor que el de las historias individuales, invirtiéndose así el sistema narrativo de Azuela y la red y jerarquía de sus elementos. Los temas de discusión en los diálogos de sus personajes no será ya tanto la injusticia social, o los males genéricos de la vida, sino la actualidad política y su interpretación; c) aumenta considerablemente la disposición crítica sobre diversos sectores (político-sociales) modificando el lenguaje: éste se hace ríspido, libelista, iracundo y apela constantemente a la metáfora como un procedimiento de reforzamiento expresivo. En *Andrés Pérez, maderista*, la crítica se orienta contra los intelectuales, el ejército y los "maderistas de última hora". De estos últimos hemos visto ya ejemplo; veamos ahora cómo se refiere al ejército y a los intelectuales (periodistas).

La crítica al ejército no está tan cargada de enojo como de ironía. La segunda disipa al primero y elabora una filosa sátira basada en la exageración de la realidad. Dado que el ejército revolucionario no era regular, sino espontáneamente constituido en el curso de los eventos, uno de los fenómenos más curiosos lo constituía el de los "grados" militares conferidos con la facilidad y la rapidez del relámpago (y de la arbitrariedad de los líderes). Incluso muchos se autonombraban, se autoascendían. De ahí que Azuela tomara este hecho y lo refiriera con cierto humor: "Las fuerzas del general Hernández ascienden a veinte hombres. Pero tiene un problema que resolver: siendo todos coroneles, mayores o capitanes cuando menos, les faltan los soldados" (II:798).

Si la crítica a los militares revolucionarios aparece asordinada, la dedicada a los intelectuales es estentórea, vociferante. Toño le dice a su amigo Andrés Pérez: "Te creí uno de tantos literatoides de tu México, piara de ilotas de la pluma, hinchados de ruindad, eunucos llorones de la paz, incapaces de dar ni una gota de sangre por el hermano, ni por la patria, ni por su propia especie; mandrias que se pasan la vida incensando eternamente al que les llena la tripa y se quedan satisfechos con que su nombre figure como una cifra más entre los siervos miserables y corrompidos, buenos apenas para cantar a las mesalinas de sus amos" (II:786-7). Este rosario de ilustradas metáforas denigrantes de los periodistas revela la actitud de Azuela sobre el periodismo de la época. Y en efecto, detentado por el poder porfirista, como uno de los medios de dominación de clase que la burguesía nunca abandonó, el periodismo era terriblemente crítico —hasta el insulto y la obscenidad— contra Madero, y constituyó sin duda alguna uno de los factores coadyuvantes de su desgracia. El odio y furor contra el periodismo venal, puesto aquí en boca de Toño Reyes, trasluce el sentimiento del autor, y hasta podríamos decir que ese incremento del tono es "explica" en la medida en que Azuela pertenecía al mismo sector intelectual, y había, pues, una suerte de identificación negativa.

Vimos antes que el sentimiento antinorteamericano no encontraba en la narrativa de Azuela un terreno ni muy abonado ni muy propicio, al menos hasta *Mala yerba*; en *Andrés Pérez, maderista*, ese sentimiento se radicaliza y adquiere ribetes más populares, esto es, más próximos a lo que pensaban y sentían los sectores democráticos y revolucionarios. Al comienzo, la novela describe la manifestación estudiantil como una "protesta contra los Estados Unidos por el asesinato de un mexicano en tierra yanqui" (II:764). Toño Reyes —conciencia maderista en la novela— advierte más adelante: "Si Madero no consigue nada con nosotros, es que ya estamos en trance de muerte y que los Estados Unidos están prontos a amortajarnos" (II:782).

Toda esta visión de la realidad no era original y su propuesta podría incluso resultar inevitable. Sin embargo es necesario observar otro nivel de la crítica porque es el que informa más definitoriamente la actitud de Azuela ante la Revolución. Ya tuvimos antes testimonio de sus conflictos de conciencia, sobre qué pivotes giraba el desencanto, el fatalismo o la esperanza en el nivel de la posibilidad o imposibilidad de la liberación política. Ahora tendríamos que establecer mejor la actitud de Azuela y de *Andrés Pérez, maderista*, con respecto a "los de abajo", a ese pueblo cuya participación causó la caída de Porfirio Díaz. Y la conclusión es que Azuela no creía en la viabilidad del pueblo como agente del cambio. Aunque este aspecto puede observarse mejor en *Los caciques* y en *Los de abajo*, vale la pena detenerse y reflexionar cómo modula esta convicción en *Andrés Pérez, maderista*. Para Azuela el pueblo mexicano vive un letargo; por eso, en cierto momento don Octavio dice: "Si Madero logra despertar al pueblo mexicano de su letargo, no dude ni por un momento de que triunfará". Madero fracasó: ni su pensamiento era el apropiado para los cambios que necesitaba la hora, ni su crónica debilidad política logró salvarlo de la traición. Ergo: el pueblo se mantuvo en su letargo. Por otra parte, la Revolución devora a sus hijos. El final de la novela es claro en la presentación de las pugnas entre revolucionarios, el ansia de poder que los destruía; de esta manera, el enemigo no estaba vencido (Díaz), ni presente aún en sectores antagonistas (la burguesía camaleónica), sino que estaba *adentro*, en la violencia que ya no podría detenerse. En los ojos de Vicente, uno de los de abajo, uno de los combatientes auténticos, la ideología del autor pone esta imagen y esta concepción sobre el pueblo mexicano: "Vicente cayó desplomado", muerto por sus propios hombres, "con los ojos abiertos, asombrado sin duda de ver a los que nacieron esclavos... esclavos todavía, esclavos hasta morir... ¡eternamente esclavos!" (II:800). De manera que si la crítica más acerba está dedicada a los "maderistas de última hora", a los porfiristas que continuarán sustentando el viejo régimen con nuevo rostro, el pueblo es contemplado como una víctima eterna que jamás tendrá redención, ni voluntad, ni opción de lucha. Aunque siga combatiendo, como asegura don Octavio, porque del fondo de su instinto algo los impulsa, no empece el impulso esté derrotado de antemano.

Dessau señala los límites de la ideología de Azuela en estos términos: "Azuela no espera de la revolución más que una justicia social garantizada constitucionalmente y la reparación de los daños causados durante la dictadura. Es decir, sus opiniones permanecen dentro del marco de las ideas liberales, y no es casual que presente a los campesinos productores en pequeño como sus verdaderos exponentes. Objetivamente es correcta, en términos muy generales, la presentación del fracaso de la Revolución en las provincias como obra de las maquinaciones de los caciques. Pero es insuficiente la interpretación que hace Azuela de este fenómeno, que atribuye a una especie de falla de la voluntad por un hábito de servidumbre".[3]

Esta excelente diagnosis se aplica a *Andrés Pérez, maderista*, y también, fundamentalmente, a *Los caciques*. Y no obstante, en *Los caciques*, podríamos decir, el "análisis sociopolítico" de Azuela se afina hasta dejarlo en los umbrales de una interpretación que su ideología le impide desarrollar. *Los caciques* constituye, en términos de ese análisis, una de sus mejores novelas, pese a su brevedad.

Es una novela de didactismo político en cuanto expone con notable claridad las maquinaciones de los agiotistas y acaparadores para medrar con las dificultades económicas del pueblo. A la oligarquía comercial encarnada en el cuerpo familiar de los Del Llano Hermanos se le trasladan los hábitos propios de la oligarquía productora que Azuela nos había mostrado en *Mala yerba*. Es una clase social sin otros principios o valores que no sean aquellos, degradados, que giran en torno al comercio y la ganancia desmedida. La novela se abre con la muerte y el velatorio del pater familias, don Juan José del Llano, fundador de una gran casa comercial. Los sucesores pasan a ser los nuevos caciques (en particular don Ignacio del Llano), y para que todo esté más claro, existe un sacerdote en la familia, sacerdote que emplea la influencia de la fe para aumentar el poderío del clan. La estrategia comercial de los hermanos Del Llano, es sencilla y habitual: "bajar" los precios del maíz, haciendo con ello que todos los pequeños productores disminuyan sus precios; *comprar* las existencias a un costo minúsculo y, una vez hecho esto, aumentar súbitamente los precios y lograr así una inmensa ganancia. Que esto sea hecho en pleno periodo revolucionario, cuando la producción se estanca y los alimentos escasean, es éticamente censurable. Pero a ello se suma el cinismo de convertir la última voluntad del padre muerto —repartir cierta cantidad de dinero entre los pobres— en un "negocio": es también burlar la memoria del ancestro. Con este doble ejemplo, Azuela califica implícitamente a la familia y diseña con propiedad las características de dominio y dependencia que el caciquismo impone como sistema.

De un lado, los caciques; de otro, el pueblo. Este pueblo victimizado por un sistema social injusto aparece en la novela dentro de dos formas de observación: es, por una parte, fatalísticamente, una víctima eterna. "La desgracia nacional está en la ignorancia de las masas" (II:805), dice un personaje, pese a la esperanza de que con el maderismo las cosas cambien: "Esta revolución es para los caciques cosa de vida o muerte. Has de saber que así como a los frailes les llegó su día con don Benito Juárez, a los caciques les ha llegado el suyo con Francisco I. Madero" (II:805). Desde otro punto de vista, el pueblo en el poder es concebido como una hipótesis imposible. En efecto, tal cosa sucede en la novela: el triunfo del maderismo provoca el desconcierto momentáneo en la burguesía y el pueblo asume el poder político provincial. Esta situación motiva una serie de pequeñas anécdotas significativas de la pugna entre ese poder (transitorio) y el verdadero, subterráneo, de la burguesía. Así, por ejemplo, cierto día don Timoteo, elegido popularmente Presidente del Ayuntamiento, se encuentra en la misma calle que don Ignacio del Llano, y comienza a titubear: "Por la misma acera apareció don Ignacio y con don Ignacio un problema para don Timoteo, presidente del M.I.A. ¿Le cedería la banqueta? El, don Timoteo, sí se la cedería, y se la cedería sólo por darle una lección: para que aprendiera que el pueblo tiene más educación que los caciques. Pero él, Presidente del M.I.A.; él, representante del pueblo libre y soberano, la cedería... ¡frijoles! Aunque, bien pensado, allí, en la calle, don Timoteo no pasaba de ser don Timoteo y, por lo mismo, podría cederle la banqueta", etc. (I:837). El asunto se resuelve llegado al punto del cruce: de un empellón don Ignacio lo hace bajar de la banqueta y continúa su camino. Signo del poderío social. Signo de que el poder es decisivo y no objeto de especulaciones.

La novela es un pequeño terreno experimental. Dentro de su mundo se representa el otro mundo del contexto. Por eso, *Los caciques* es muy rica en observaciones que tienen que ver con las (im) posibilidades del cambio real. Aun cuando sus simpatías estén con ese pueblo humilde, Azuela considera que no está preparado para asumir un cambio sustantivo, ni para gobernarse a sí mismo, como no está preparado, en lo individual, para anteponerse a la prepotencia del cacique y asumir, real o simbólicamente, su lugar en la calle, en la ciudad, en la observación de la ley. La anécdota de don Timoteo y el cacique en la banqueta tiene otras reiteraciones y desarrollos más graves. Porque en definitiva, lo que acabará mostrando Azuela (o "demostrando" dentro del espacio experimental de su novela), es que nada cambiará en verdad y que el poder económico de los caciques será el que continúe gobernando a México. El ancestral hábito de la servidumbre, del que hablaba Dessau como explicación insuficiente, reaparece en *Los caciques*: todo va a quedar como estaba antes no porque el caciquismo se imponga por la fuerza, sino porque el temor entronizado en los humildes los paraliza, los hace temer el cambio. Como señalé antes, para Azuela el enemigo está *adentro*. De este modo, incluso formalmente, en la tercera parte de la novela el poder político regresa a los antiguos detentadores, sellándose esa etapa con la muerte de Madero y el fracaso de su movimiento.

Al situar su acción en un momento clave de nuestra historia y del desenvolvimiento del proceso revolucionario, *Los caciques* acumula una gran serie de significados sociopolíticos. Uno de los más importantes, aunque laterales a la acción misma de su anécdota, es la observación sobre quienes, una vez instituida la Revolución, serán los representantes populares: la clase política. En la novela, la presentación de este sector influyente y poderoso de la superestructura intelectual, es tan clara, con tan nítidos ribetes, que llega al grotesco. Es el ejemplo del "candidato" que se aparece en el pueblo para proponerse como representante en el gobierno central: "Ustedes no deben preocuparse por la política alta. La política no está al alcance de ustedes. Voy a ponerles una comparación que puedan comprender: los jocoques se hacen de un día para otro. Pues los políticos no son los jocoques: no se hacen de un día para otro. ¿Quieren dar candidatos de entre ustedes mismos? Sólo harían reír a todo el mundo; se pondrían en ridículo. Conténtense con elegir Ayuntamiento, que es lo que les toca a los pueblos... Denme, pues, su voto para llenar la fórmula y con eso habrán cumplido con su deber de ciudadanos honrados" (II:843).4 El cinismo del político profesional no es contestado por un hombre de pueblo, sino por otro intelectual, Rodríguez, quien en su respuesta (como si fuera trasvisiblemente la del autor) expresa el desprecio, ya visto en otras novelas, por los intelectuales: "Digo, señor candidato, literato, periodista, etc., que queremos que les diga a sus colegas que nosotros, los bárbaros de provincia, nos hemos tomado la licencia de formarnos una opinión de ellos: que la vergüenza más ignominiosa que la revolución de 1910 ha desnudado es una intelectualidad abyecta que arrastra su panza por el cieno, lamiendo eternamente las botas de todo el que ocupa un lugar alto. Sabemos que hay dos clases de siervos en México, los proletarios y los intelectuales; pero mientras los proletarios derraman su sangre a torrentes para dejar de ser siervos, los intelectuales empapan la prensa con su baba asquerosa de rufianes; que los pobres ignorantes arrancan nuestro grito de admiración, mientras que los sabios nos hacen llevar el pañuelo a la nariz..." (II:844).

Como todos sus libros del periodo revolucionario, *Los caciques* fue escrito prácticamente sobre los hechos mismos del presente que vivía el autor. Tal vez en la diatriba contra el caciquismo por sus prácticas innobles (tan bien ejemplificadas en toda la historia de Juan Viñas, engañado y despojado de sus propiedades), en el odio expresado contra los "intelectuales" de la época, así como en la visión paternalista de la incapacidad ínsita del pueblo a gestionar sus propios derroteros, está marcadamente el presente de los años 1910 a 1913. Esta interrelación entre la práctica escritural y la práctica política (ejercida en la literatura), entre la "ficción" y el presente, se encuentra traducida en el desenlace del libro y las circunstancias en que, de acuerdo con el autor, lo concluyó. Ya cité algunos testimonios de Azuela ("El novelista y su ambiente", sobre la participación en el maderismo, "aventura disparatada" pero necesaria, así como sobre sus temores por el fracaso de aquel movimiento merced al "desbarajuste, el desorden y el caos que sucedió al derrocamiento brusco e inesperado" de Porfirio Díaz. Azuela escribe *Andrés Pérez, maderista*, y *Los caciques* como dos momentos subsecuentes de la gestión del maderismo: sus inicios y la degradación mediante el asesinato de Madero y el triunfo momentáneo de la reacción neoporfiriana de Victoriano Huerta. Las dos novelas funcionan como un díptico enormemente ilustrativo de lo que sucedía en México según la visión novelística de un escritor inteligente y honrado, más allá de las limitaciones de su ideología liberal, y como sugestivo documento, también, de la evolución del ánimo que, junto y mezclado con sus convicciones, animaba la empresa narrativa, intelectual, del autor, su tarea participatoria de iluminación e interpretación del presente. Sin duda es cierto que en aquella época el desastre se esperara con temor por su inminencia. "Los maderistas más o menos conscientes de los sucesos que estaban ocurriendo esperábamos de un instante a otro el desastre" (III:1071). Ese desastre sobrevino: fue la Decena trágica y la muerte de Madero. Pero en el momento en que Azuela terminaba *Los caciques*, en el preciso momento en que estaba preparando el punto final de su novela, algo nuevo ocurrió:

"Estaba retocando el último capítulo cuando llegaban grupos dispersos del ejército federal con la marca de su desastre en la ropa desgarrada, en los rostros macilentos y en sus miembros vendados, después del combate con Francisco Villa en Zacatecas. ¡La revolución había triunfado!" (III:1075).

Estos heridos, que llegan en retirada e interrumpen la escritura novelística (no olvidemos que Azuela era médico) con la noticia de "su" desastre que es, reversiblemente, el triunfo "de la Revolución", influyen en el desenlace de *Los caciques*, ya que es su único libro que acaba con un gesto de rebeldía. La novela ha narrado, hasta ese final, cómo los caciques llevaron a la ruina a Juan Viñas: primero lo convencieron y animaron a una enorme empresa de construcción, le hicieron préstamos hipotecarios y finalmente se quedaron con sus propiedades. La vida de don Juan Viñas se apagó lentamente, hasta su muerte, del mismo modo que su mujer y sus hijos fueron cayendo hasta la miseria misma. La reivindicación que les otorga Azuela en las últimas líneas de la novela consiste en una venganza: Esperanza y Juanito, los hijos sobrevivientes del desastre, prenden fuego al negocio de los Del Llano hermanos y la novela concluye, simbólicamente, con esa llamarada signo de una rebelión que en otro orden —social— estaba combustiendo al país. "Esperanza y Juanito no oían el restallar de los máussers ni el ronco estampido de los 30-30, ni el galopar de las caballerías. Alelados, veían levantarse las llamas hasta el cielo cárdeno, y estaban cogidos estrechamente, y sus corazones latían aprisa, aprisa..." (II:866). La violencia revolucionaria que preanuncia la huida de los caciques ante el avance de los revolucionarios y, ante todo, el gesto de Juanito y Esperanza, se desarrollaría ampliamente poco tiempo después, en *Los de abajo*, la novela más famosa de Azuela, y uno de los retratos más vivos y contradictorios de la Revolución Mexicana en armas.

Andrés Pérez, maderista y *Los caciques* modificaron el curso de la narrativa de Azuela, como afirmé antes, y en ese desvío se incluyó un cambio en la concepción del escritor inserto en el proceso político del país. De observador crítico pero ajeno a la realidad analizada, Azuela pasó a ser un participante "apasionado", y la ideología oscurecida por la presunción realista de los textos se convirtió en actitud política asumida aun en sus ambigüedades. En "El novelista y su ambiente", Azuela dice que, sufrida la primera decepción por "el gran fracaso de la revolución", optó por el retiro a su profesión y a la escritura de una serie de páginas que debieron agruparse (no dividirse en novelas) como *Cuadros y escenas de la Revolución Mexicana*. Y añade: "Desde entonces dejé de ser —con plena conciencia de lo que hacía o sin ella— el observador sereno e imparcial que me había propuesto en mis cuatro primeras novelas. Ora como testigo, ora como actor en los sucesos que sucesivamente me servirían de base para mis escritos, tuve que ser y lo fui de hecho, un narrador parcial y apasionado" (III:1070).

En octubre de 1914 su decepción y su escepticismo tuvieron un vuelco inesperado y volvió a participar. Se unió a las tropas de Julián Medina, como teniente coronel encargado del servicio médico. La experiencia que recogería por sus propios ojos o por testimonios de los soldados revolucionarios daría origen a *Los de abajo*.

VI. PUEBLO DESATADO, RAZA IRREDENTA

I

Es muy conocido el hecho de que *Los de abajo* se publicó originariamente en El Paso, Texas, en 1915, bajo la forma de folletines del periódico *El Paso del Norte*. A raíz de las sucesivas derrotas del ejército villista por el carrancismo, Azuela optó por el exilio, y cruzando apenas la frontera encontró abrigo en El Paso durante algunos meses. La novela volvió a publicarse en 1916 y en 1920, pero un espeso silencio la rodeaba, así como a todas las demás obras narrativas de Azuela. En verdad, los primeros libros habían sido prácticamente privados, ediciones de autor, y nadie salvo sus amigos los conocían. Fue entre fines de 1924 y comienzos de 1925 que la novela resultó "redescubierta" por los críticos y los lectores, iniciándose la consideración de Azuela como el prototipo del novelista "de la Revolución". Esos diez años de existencia vegetativa de *Los de abajo* fueron también de improductividad novelística en torno al tema de la Revolución Mexicana. Habría que considerar que la llamada "Novela de la Revolución" tiene su origen en *Los de abajo* en 1915 pero sus continuadores verdaderos vinieron mucho más tarde, en 1928 (*El águila y la serpiente*, de Martín Luis Guzmán), 1929 (*La sombra del caudillo*, del mismo autor), 1923 (*Memorias de Pancho Villa*, de Rafael F. Muñoz), 1931 (*La asonada*, de José Mancisidor; *Cartucho*, de Nellie Campobello, o *Campamento*, de Gregorio López y Fuentes), 1935 (*Ulises criollo*, de José Vasconcelos). Algunos historiadores de la literatura buscan en Rabasa (*La bola*, 1887) o en Heriberto Frías (*Tomóchic*, 1895) a los "precursores" de la novela de la Revolución, aunque en realidad sólo preanunciaron la preocupación social o el tema de la violencia, que vendrían plenamente con *Los de abajo*: lo que Castro Leal denominó ciclo de la "Novela de la Revolución Mexicana" tuvo a su iniciador en Azuela a partir de *Andrés Pérez, maderista* y a los continuadores. en escritores que, como Guzmán y Vasconcelos, tratarían de "recuperar" la época armada cuando ésta ya había concluido. De ahí la índole alternada de novela y crónica que caracteriza a esta tendencia de nuestras letras, con todo el peso programático que dejó en cuanto a la concepción de la literatura y sus relaciones con la realidad.

Dada la distinción cronológica entre Azuela y los demás escritores de la temática revolucionaria, habría que subrayar ese rasgo de vivencia directa, de escritura inmediata del presente —como un registro fiel de hechos y pasiones—, que hay en el primero, y la memoriosidad, el ánimo de cronicar el pasado cercano (y, a veces, hasta de hacer la justificación histórico-política de su participación en los hechos, como son los casos de Guzmán y Vasconcelos) de quienes escribieron en los 30. De entre estos últimos, también, habría que separar por un lado a quienes habían intervenido en la Revolución desde 1910, y por otra los que apenas eran niños cuando ésta advino (Nellie Campobello, Andrés Iduarte, Jorge Ferretis). No puede decirse que la "Novela de la Revolución Mexicana" tenga una sola perspectiva, sea una sola tendencia y nos deje una misma imagen de los hechos: no sólo las diferencias entre los autores marcan esta otra diferencia, sino el que se sucedan generacionalmente y su óptica corresponda a las distintas épocas que se vivieron.

Otro elemento a tener en cuenta es la formación de Azuela al iniciarse la Revolución: tenía 37 años en ese momento, y 42 cuando apareció *Los de abajo*. Ya había pasado los 50 cuando su nombre comenzó a tener peso, a ser conocido y sus libros accedieron a una fama cada vez mayor. Esta simple comprobación cronológica nos lleva a advertir que cuando Azuela se enfrenta al tema revolucionario es un hombre maduro, con hondas convicciones ideológicas que poco habrían de cambiar ante el choque con la realidad por más que ésta las agitase. Al contrario, el conservatismo ideológico de Azuela se advierte incontrovertiblemente cuando se compara la ideología implícita o explícita de sus primeros textos (*María Luisa* y *Los fracasados*, por ejemplo) y las mismas ideas asumidas cuatro décadas después, en los textos que componen "El novelista y su ambiente". De ahí que el cargo, tantas veces hecho a Azuela, de "no haber comprendido" a la Revolución, dada la perspectiva escéptica cuando no pesimista que mantuvo siempre, pueda fundarse en las dificultades que una mentalidad formada y madura tiene para cambiar al influjo de cualquier acontecimiento.

Ese cargo no se resolverá mientras el tema de la revolución siga vivo, polémico o polemizable; mientras continúe como un clavo ardiente en la conciencia frustrada de los campesinos y como un motivo de retórica oficial. Lo que, en tanto, nadie podrá discutir es la primacía novelística de Azuela entre todos cuantos escribieron "novela de la revolución": Azuela fue el primero y fue el mejor. Por encima de las limitaciones ideológicas de *Los de abajo*, o de la tendencia liberal que la informa: por encima de las discusiones sobre si el retrato de la brutalidad popular era fiel o prejuiciado, lo cierto es que *Los de abajo* posee una fuerza narrativa y plástica como ninguna novela de esa o de las dos siguientes décadas alcanzó. Y podría decirse más: las contradicciones que padece en el plano ideológico eran las contradicciones de los intelectuales liberales de las primeras décadas, de modo tal que si no en su "retrato" de los hechos, sí en la manera como los relata y en las intenciones del autor conformadoras de su estilo, hay un fiel espejo de los tormentosos y confusos años de la Revolución. De ahí el éxito inmediato a partir de su descubrimiento en 1925, cuando ingresó como tema de discusión en la cultura mexicana; de ahí el chispazo que brotó en hoguera y motivó —sigue motivando— la polémica.

1915 es en la historia del país un año importante, un año de significación en la política y en la cultura mexicanas. Carranza ha logrado afianzarse merced a la derrota a que sometió a Villa, y con él toda una burguesía que constituirá la "nueva clase" cuyo ascenso Azuela advirtió en sus libros narrativos. Y también surgió un espíritu nacionalista que pronto iba a confundirse con el significado mismo de la Revolución Mexicana.[1] Gómez Morín lo precisó, señalando que en aquel "año de 1915", siquiera mínimamente, el problema agrario quedó integrado a las aspiraciones revolucionarias, "el problema obrero fue formalmente inscrito. también, en la bandera revolucionaria", y en particular "nació el propósito de reivindicar todo lo que pudiera pertenecernos: el petróleo y la canción, la nacionalidad y las ruinas... Del caos de aquel año nació un nuevo México, una idea nueva de México y un nuevo valor de la inteligencia en la vida".[2] Tratando de hacer que los hechos hablen por sí mismos, tracen sus coordenadas, Monsiváis señala los momentos significativos del año en "la mitología cultural": "En 1915, Azuela publica *Los de abajo* como folletón; en 1915, un volumen de reflexiones de Martín Luis Guzmán, *La querella de México*, con una implacable inicial: 'padecemos penuria del espíritu'; en 1915, Antonio Caso dicta un curso de estética en la Escuela de Altos Estudios y un ciclo en la Universidad Popular que editará provisionalmente en 1916 (*La existencia como economía y caridad*) y en 1919 reunirá bajo el título de *La existencia como economía, como desinterés y como.caridad*. A los cursos asisten los poetas González Martínez, López Velarde, el pintor Saturnino Herrán y un grupo brillante de jóvenes que serán conocidos como los 'Siete Sabios', decidido a encontrar una explicación intelectual de los acontecimientos y de su propia agitación interior".[3] No sería nada aventurado afirmar que Azuela, totalmente marginal de estos grupos, de estas manifestaciones de organizarse la cultura, obedece sin embargo a la misma inquietud intelectual de la época. Ante el repliegue de la acción, ante el fracaso del villismo y el comienzo de una pacificación que seis años después ya estará formalizada, 1915 parece un año clave en el comienzo de la reflexión sobre lo que hemos hecho, cómo hemos vivido, hacia dónde se encamina el país después de tan grandes sacudidas, de tantos muertos, de tantas divisiones. Lo que en algunos será reflexión filosófica, social, para Azuela fue reflexión narrativa, y así no cabe duda de que en *Los de abajo* existe con absoluta claridad una *idea* de la Revolución, del país, de nosotros mismos.

Los de abajo ha sido considerada más de una vez como la novela del nacionalismo, la novela que se desprende ya totalmente del naturalismo zoliano, de las influencias europeas, y que enfrentada a los hechos brutales de la Revolución opta también por un estilo brutal. La elegancia del modernismo se trueca en el relato escueto, vivaz, rápido; las morosas descripciones de la novela decimonónica desaparecen y ahora toda descripción tiene un empleo expresivo. No hay tiempo de pulir las frases: todo desemboca en una extrema economía narrativa, y esta economía en un estilo del realismo. Este despojamiento de las formas literarias tradicionales provenientes de las lecturas, esta defensa de la sequedad de la expresión porque la realidad la exige, sería la nota fundamental de la literatura nacionalista. Por esto, también con frecuencia, se ha comparado *Los de abajo* con el movimiento muralista que vio su inicio a instancias de Vasconcelos y el gran envión mesiánico y "nacionalista" del 21; pero, al respecto, Monsiváis hace una distinción entre los novelistas y la intencionalidad estética de los nuevos pintores: "Si se compara, por ejemplo, el pesimismo devastador de los novelistas con la actitud de Vasconcelos en Educación Pública o con los muralistas (aun Orozco, verbalmente el más escéptico y desengañado) se advertirá en los segundos su carácter de primeros utopistas del siglo mexicano y del latinoamericano. No enfrentaron, drásticamente, a la civilización con la 'barbarie'. De manera quizás deshilvanada pero genuina, decidieron hacer de lo que entonces se llamaba 'barbarie' la materia prima de una civilización heroica".4 De ahí las grandes diferencias entre Azuela y un Rivera: mientras este último hablaba de integrar al arte "las luchas y aspiraciones de las masas", Azuela exhibía su desengaño hacia esas masas y describía, narraba, su oscura barbarie. De todos modos, tanto Azuela como Rivera pertenecen a esta época y a esta inquietud: sus tendencias son diferentes, pero ambos están laborando con "lo mexicano", esa naturaleza (ideológica) inflamada por los rostros de la pólvora y la sangre recientes. Y esa naturaleza es la que se advertirá antes que otra cosa cuando se lo redescubra en 1924.

Se ha contado ya más de una vez cómo se redescubrió *Los de abajo* en 1924-5 en medio de una polémica sobre la existencia o inexistencia de una literatura "viril" mexicana. La polémica se inició el 20 de diciembre de 1924, cuando en un artículo Julio Jiménez Rueda se quejaba de "El afeminamiento en la literatura mexicana", con nostalgias del "hombre que piensa" del pasado: "gallardos, altivos, toscos"; ahora (1924) en cambio, ese hombre "ha degenerado" y "suele encontrarse el éxito, más que en los puntos de la pluma, en las complicadas artes de tocador".[5] Probablemente, el artículo de Jiménez Rueda tuviera una intención provocativa: fuera esto cierto o no, generó la polémica porque salió al paso Francisco Monterde con su respuesta. Lo interesante de ella no es el hecho de probar si había "afeminamiento" o "virilidad" en la literatura del país, ya que la polémica estaba mal planteada y era nítidamente ideológica; lo interesante es que Monterde antepuso el nombre de Mariano Azuela para probar el vigor, la fuerza, la rudeza de la prosa mexicana, atributos todos que Jiménez Rueda había notado de menos hablando en términos nacionales. Y otra cosa es interesante: Azuela es el *único* ejemplo puesto por Monterde. En realidad, Monterde parecía estar de acuerdo con la tesis básica, con la acusación de fondo: "Estoy de acuerdo con él en que faltan literatos de renombre; pero esto se debe, principalmente, a la falta paralela de críticos".[6] (Esta explicación no resultó convincente y la polémica continuó). En cuanto a la ejemplificación con Azuela, Monterde afirmó: "Haciendo caso omiso de los poetas de calidad —no afeminados— que abundan y gozan de amplio prestigio fuera de su patria, podría señalar entre los novelistas apenas conocidos —y que merecen serlo— a Mariano Azuela. Quien busque el reflejo fiel de la hoguera de nuestras últimas revoluciones tiene que acudir a sus páginas". Esta de Monterde era prácticamente una de las primeras apreciaciones críticas escritas sobre *Los de abajo*: antes sólo José G. Ortiz había hecho una rápida mención en *Biblos* (1918)[7] y existía una brevísima reseña del propio Monterde dos años posterior[8] en la que decía que *Los de abajo*, junto con *Los caciques* y *Las moscas*, componían una trilogía "en la cual pinta magistralmente las conmociones revolucionarias de los últimos tiempos". La apreciación de Monterde (quien no conocía personalmente a Azuela), así como la de Ortiz, eran amplias y sin cortapisas; más aún, entusiásticas.[9] En cambio quienes tuvieron que empezar a reconocer a Azuela a partir del 24, añadieron a la valoración una serie de reservas, interesantes, significativas, de todos modos, ante el proceso de "mitificación" que *Los de abajo* comenzaría a gozar y padecer desde entonces.

Monterde había contestado las afirmaciones de Jiménez Rueda el 25 de diciembre de 1924; un mes después Eduardo Colín escribía, también en *El Universal*, un comentario relativamente extenso, de la novela donde al par de valorarla positivamente, le ponía límites notorios: no era *Los de abajo* una novela completa y elaborada, sino "una notable *esquisse*, que deseamos amplifique y le dé envergadura y proyecciones superiores",[10] iniciando la que ha sido hasta ahora la verdadera polémica en torno a *Los de abajo*: ¿representa la novela *verdaderamente* a la Revolución Mexicana, o es una visión parcial, tendenciosa, nada popular, de la misma? La respuesta, para Colín, es negativa. "Nuestra esencia nacional, la Revolución misma, no es tan sólo guerra y sangre, sino otras cosas" (idem).

La polémica iniciada por Monterde al responder el artículo de Jiménez Rueda tiene diversas escaramuzas,[11] pero lo importante es que motiva la reconsideración de la narrativa de Azuela, en primer lugar de *Los de abajo*, y hace salir a la palestra a otros intelectuales mexicanos, como Salado Alvarez. Este, después de afirmar, en apoyo de Jiménez Rueda, que "no hay literatura nueva y que la que hay no es mexicana... y a veces ni siquiera literatura"; de confesar que no conocía *Los de abajo* pese a considerarla "una curiosidad bibliográfica", publica el 4 de febrero de 1925 un amplio artículo en *Excélsior*, diciendo: "Pero esta novela (*Los de abajo*) no es revolucionaria porque abomina de la Revolución; ni es reaccionaria porque no añora ningún pasado y porque la reacción se llamaba Francisco Villa cuando la obra se escribió. Es neta y francamente nihilista. Si alguna enseñanza se desprendiera de ella (y Dios quiera no tenga razón al asentarlo) sería que el movimiento ha sido vano, que los famosos revolucionarios conscientes y de buena fe no existieron o están arrepentidos de su obra y detestándola más que sus mismos enemigos".[12] A esa crítica de tipo ideológico quiso Salado Alvarez añadir una estilística, y habló del descuido y hasta de las faltas de ortografía de *Los de abajo*, lo cual valió luego la calificación de "crítica del punto y coma" del "dómine pedante" (según otro defensor de Azuela: Carlos Noriega Hope).[13]

El Universal no perdió el tiempo; a la vez que organizaba una encuesta sobre la literatura mexicana ("¿Existe una literatura mexicana moderna?") con respuestas de Federico Gamboa, Enrique González Martínez, José Vasconcelos, Francisco González León, Salvador Novo, el propio Azuela y otros escritores, comenzó a publicar, el 29 de enero, *Los de abajo*, en una serie de fascículos semanales. Si era verdad que la novela, en sus ediciones hasta entonces, parecía poco menos que inaccesible, misteriosa, la publicación de *El Universal Ilustrado* la presentó final y generosamente al público de lectores. La novela, hasta entonces, no había tenido suerte. Y desde esa fecha en adelante, su suerte fue inmensa.

Mariano Azuela ha recordado la circunstancia de sus primeras ediciones; ha contado lo que de algún modo podría llamarse la "novela de su novela"; así, por ejemplo, que llegó a El Paso en 1915, con sus economías quebrantadas, y aunque tenía ya casi todo el manuscrito de *Los de abajo* no encontraba editores interesados o éstos le pedían tiempo para contestarle. "Como yo tenía urgencia inmediata de dinero, tuve que aceptar la proposición de *El Paso del Norte*: mil ejemplares de sobretiro y tres dólares a la semana a cuenta, mientras se hacía la impresión. Al mes de haberlo repartido en puestos de libros y revistas, se habían vendido cinco ejemplares" (III:1088). Pasaron diez años de silencio sobre *Los de abajo*, aunque Azuela continuaba publicando otras novelas. "El éxito que [*Los de abajo*] alcanzó después de diez años de publicada se debe al entusiasmo desinteresado de tres excelentes amigos míos, que se propusieron darla a conocer", diría Azuela en "El novelista y su ambiente". "Ya a fines del año de 1924 el poeta Rafael López, en una entrevista de prensa, había señalado *Los de abajo* como el esfuerzo más serio realizado en ese género literario, de diez años a aquella fecha. Pero no fue sino en 1925 cuando el público reparó en ella, con motivo de una ruidosa polémica periodística en la que Francisco Monterde llamó fuertemente la atención sobre mi citado libro. Gregorio Ortega publicó varios artículos al respecto y obtuvo que *El Universal Ilustrado* lo reeditara. Poco después, este mismo amigo mío hizo un viaje a Europa y se llevó muchos ejemplares de la obra, la dio a conocer a muchos distinguidos escritores españoles y se gestionó una nueva edición en Madrid con un éxito que yo no me había imaginado nunca" (id.). Por su lado, José María González de Mendoza la hizo publicar en Francia. *Los de abajo* comenzaba su verdadera vida, diez años después de su nacimiento, con repercusiones nacionales y de más allá del océano.

Si entonces, a partir de 1925, *Los de abajo* ingresó en la consideración crítica y de público, no puede decirse que la unanimidad sellara la apreciación de su ideología, o bien de su actitud ante la Revolución Mexicana o ante "los de abajo". En las mismas páginas testimoniales de Azuela, destinadas a recorrer la época y en gran medida a insistir en su visión social y política de la novela, se encuentra la reacción negativa que obtuvo de algunos. Azuela los señala despectivamente e incluso los identifica con aquellos que él denunciaba en *Los de abajo* o en otros de sus libros. Hay una herida abierta que probablemente nunca cerró, y que consistía en el epíteto de *reaccionario* que con frecuencia se adosó a su novela. Lo refiere: "Algunos gozquecillos y logreros de la revolución me pusieron en entredicho y me colgaron la etiqueta de reaccionario cuando una dama linajuda e influyente hizo un arreglo teatral de mi novela para su representación en el teatro Hidalgo" (III:1077). Poco más adelante insiste: "¡Qué de extraño habría de parecerme entonces que cuando en mis libros señalé aquellas lacras, se me marcara con el hierro candente de 'reaccionario'! Los rateros y los asesinos no han podido encontrar defensa mejor que esa palabra hueca" (III:1090). Y todavía más: "Cuando a raíz del triunfo de la Revolución señalé con absoluta claridad y energía la aparición de una nueva clase de ricos, los falderillos que recogen las migajas de la mesa me ladraron, señalándome como reaccionario" (III:1099).

La novela dejó de ser considerada en los probables defectos de su estilo. Estos, si existían, pasaron a ser virtudes de un nuevo realismo nacional. Pero la índole ideológica, la perspectiva con que se enfocaba y analizaba la Revolución, fueron desde entonces el objeto de discusión, ante todo para establecer si Azuela, igual que otros escritores, era un novelista *de* la revolución, un novelista correspondiente a las aspiraciones más legítimas volcadas en la lucha, o representaba meramente la visión liberal, pesimista, que del cambio sólo podía apreciar sus aspectos sombríos o francamente erróneos. En verdad, *Los de abajo* tiene dos facetas simultáneas: muestra las luchas populares, incluidas sus tribulaciones, sus contradicciones y dolores, frente a un caciquismo feroz que sólo trocaría su condición por la de una burguesía no menos impiadosa. Y cuenta también cómo la "barbarie" del pueblo frustró, si existía alguna posibilidad, su camino al triunfo y al verdadero dominio de clase. Esta doble condición, esta ambigüedad, merece análisis aunque en ella el propio autor cifrara su objetividad y hasta su validez. Comienza su texto sobre *Los de abajo* con estos "hechos" que él considera de suficiente elocuencia: "Debo a mi novela *Los de abajo* una de las satisfacciones más grandes de que he disfrutado en mi vida de escritor. El célebre novelista francés Henri Barbusse, connotado comunista, la hizo traducir y publicar en la revista *Monde*, de París, que él dirigía. *La Acción Francesa*, órgano de los monarquistas y de la extrema derecha de Francia, acogió mi novela con elogio. Este hecho es muy significativo para un escritor independiente y no necesita comentarios" (III: 1077).

¿Es verdad que no necesita comentarios?

II

José Mancisidor ha dado con una fórmula, que se repetiría incansablemente, sobre Azuela: "No es Azuela un novelista revolucionario; pero es, por antonomasia, el novelista de la Revolución".[14] Lo segundo parece ya incontrovertible; lo primero, en cambio, aún podría discutirse, ya que lo negado al Azuela escritor hay que concedérselo al hombre: él, en efecto, fue uno de los "revolucionarios", médico de las filas de Julián Medina. De todos modos, Mancisidor tiene razón ya que juzga a Azuela desde una perspectiva marxista y desde una idea precisa de la Revolución: ésta es producto del pueblo y de un partido, no de la buena fe liberal. Lo que también sucede, para entorpecer más los distingos y colaborar en el equívoco, es que pocas veces se estudia la actitud de Azuela en las diversas etapas de la Revolución Mexicana. Esta no fue monolítica, sino que sufrió grandes cambios —desviaciones o simplemente cambios— de acuerdo con sus sucesivas etapas, con los triunfos y derrotas que, en el juego del poder, las facciones iban disfrutando o padeciendo. Ya mencioné antes, asistido por los propios recuerdos del escritor, su adhesión al maderismo. Este partidarismo fue total, aunque como hombre consciente que era Azuela, temiera las frustraciones, las inminencias de derrumbe, hasta que éste llegó con el asesinato del líder. Posteriormente, Azuela se sumó otra vez a la lucha, dentro del conglomerado villista, pero su convicción ya estaba fatalmente herida por el curso mismo de la Revolución, y porque todo un espectro de las reivindicaciones populares no le tocaban, no eran las suyas. No deja de ser significativo, así, que los hombres de Demetrio Macías fueran pequeños propietarios *antes* de levantarse en armas: con este simple hecho, Azuela quisiera mostrarnos que no existía, al menos en un amplio sector popular, la preocupación por ponerle fin al latifundio y redistribuir la propiedad de la tierra. Y esa aspiración no sólo está como "negada" en el texto mismo de *Los de abajo*, sino que no era, definitivamente, algo que le preocupara al autor.

Los de abajo se divide voluntariamente en tres partes, y éstas tienen un correlato histórico al que es preciso acudir ya que le otorga finalmente su significación histórico-política; no en vano cada una de esas partes (en la estructura novelesca) se corresponde con sucesos muy importantes y definitivos (en el proceso histórico) del desarrollo de la Revolución. De manera que Azuela no sólo "se inspiró" en la realidad para componer una ficción sino que buscó basar en la significación política de esa realidad, la que le correspondería a su novela. La Primera Parte, integrada por 21 capítulos, narra los momentos iniciales de organización de los revolucionarios (de un grupo: el de Demetrio Macías) y sus escaramuzas y batallas contra el ejército regular de federales. Dentro de la historia mexicana, es el periodo en que, una vez asesinado Madero por Victoriano Huerta, la Revolución continúa pero ahora con un nuevo objetivo fijado: el combate contra Huerta, la necesidad —teñida de ansias de venganza y supremo odio— de acabar con el "traidor" y "usurpador". Si Madero representaba de algún modo las aspiraciones populares (y aunque no fuera así, al menos aglutinó la primera conciencia popular contra la añosa dictadura de Porfirio Díaz), Huerta significaba un retroceso, la reacción, el freno a aquella Revolución iniciada en 1910. De modo que resulta elocuente el hecho de que *Los de abajo* haga culminar su Primera Parte justamente en la batalla de Zacatecas (junio de 1914), que marcó el fin de Huerta. La Segunda Parte retoma el júbilo del triunfo, describe las fiestas orgiásticas con que los combatientes se premiaban, pero inicia asimismo el relato de todo un proceso de divisiones internas (Zapata, Villa, Carranza eran las figuras principales y las que encabezaban grupos específicos) que culminará con la Convención de Aguascalientes y la final separación de villismo y carrancismo. La Tercera Parte es una suerte de epílogo: contrasta las sucesivas derrotas de las fuerzas de Macías con los triunfos del comienzo. Es el negativo de la primera parte, y tanto invierte las situaciones que un mismo hecho se reitera aunque en un sentido opuesto. Si al comienzo los hombres de Demetrio Macías emboscan a los federales en el cañón de Juchipila, en la Tercera Parte serán ellos los emboscados por el ejército (enemigo) de Carranza. El círculo se cierra perfectamente y muestra la voluntad de diseño del autor. De modo que la estructura literaria no sólo se apoya en los hechos históricos: ante todo, quiere buscar en ellos su propia fuerza y sentido.

La misma actitud narrativa parece ser muy diferente en las dos primeras partes, en especial en la manera como el narrador presenta a los revolucionarios. En la Primera, a ellos les asiste toda la razón histórica y política: estaban luchando contra un dictador de manos ensangrentadas; pero en la Segunda, la barbarie se antepone en la lucha y ésta pierde su orientación y sus metas. Los hombres de Macías ya no saben por qué luchan y esta misma inconsciencia acaba determinando la degeneración de sus actos: la violencia gratuita, la multiplicación de las muertes, la convivencia con el absurdo de la guerra fratricida, se convertirán en sus signos.

Es haciendo esta distinción entre las dos partes principales de *Los de abajo* que Dessau señala: "Como inicialmente se trata de (un) proceso de desarrollo, Azuela no necesita definir desde el principio la esencia de la Revolución; gracias a ello, puede concentrarse esencialmente en una representación formada abiertamente de la vida, sin interpretaciones. Por obra de estas circunstancias, la primera parte de *Los de abajo* resulta una representación profundamente realista y muy representativa del desarrollo de la Revolución Mexicana" (no así la Segunda, donde Dessau encuentra una ilegítima "crítica metafísica de la Revolución").[15] Para otros críticos, sin embargo, no hay tal distinción: Luis Leal habla de "la epopeya de un pueblo",[16] y Seymour Menton asegura que *Los de abajo* "logra captar el aspecto épico de toda revolución".[17] Esta "épica", dudosa dado el retrato que hace de los revolucionarios en la Segunda Parte, es sin embargo clara en el diseño entero de un personaje —Demetrio Macías—, así como en el episodio de Zacatecas contado por Solís. En lo demás, si hay épica, es una forma degradada de ella donde el héroe arquetípico abandona sus atributos y se convierte en un arma desatada, desorientada y sanguinaria, de fuerzas que no comprende y por lo tanto no puede conscientemente compartir.

Es singular a esta altura comprobar cómo algunos de los valores ideológicos de Azuela vuelven a aparecer en *Los de abajo*, incluso en su Primera Parte, cuando la aparente objetividad y el realismo de la narración podrían permitirnos concebirla despojada de las ideas personales del autor. Pero esas ideas están aquí, bajo formas menos explícitas aunque no menos claras, que en las novelas anteriores. Si bien no hay ese despojamiento del escritor ante la realidad narrada, en cambio hay maneras de hacer pasar sus valores y conflictos como valores y conflictos de la misma realidad. Pero para un lector de Azuela, la lectura de los mismos llega a hacerlos transparentes.

Así, el motivo (y el valor ideológico) del *hogar*. En *Los de abajo* ya no hay el discurso retórico del texto o de los personajes en torno a este u otros valores, y sin embargo se presenta con igual si no mayor fuerza. La apertura de la novela, que tantas veces ha sido citada como un prodigio de narración, establece un primer ambiente inequívoco: es el hogar de Demetrio Macías, descrito, por una parte, en la pasividad dichosa de los actos cotidianos ("un hombre, en cuclillas, yantaba en un rincón, una cazuela en la diestra y tres tortillas de taco en la mano"); y, por otra, en la atmósfera ominosa del peligro que acecha *afuera*, en la *oscuridad*, en la sombra de la noche (y de la traición de Huerta, y de la presencia odiada de los federales). El perro —custodio tradicional del hogar— ladra de manera diferente y la mujer reconoce los signos del peligro. El hombre termina de cenar y desaparece, con su rifle. Eran, en efecto, los federales, que después de matar al *Palomo* y de entrar en la casa en busca de comida, se sienten tranquilos y a sus anchas por la presencia única de una mujer. Comentan: "¿Conque aquí es Limón?... ¡La tierra del famoso Demetrio Macías!...", y el alcohol y la soledad y la impunidad de la noche los empuja a abusar de la mujer, violación máxima del hogar y de la hospitalidad, de acuerdo con el código campesino. Pero en ese momento climático aparece Demetrio Macías en su casa, es una "silueta blanca" que llena "de pronto la boca oscura de la puerta", y que cambia de hecho toda la situación. El sargento y el teniente empavorecen, titubean, reconocen a Macías, y su primera muestra de cobardía consiste en fingir el respeto por el hogar. Mientras la mujer exclama secamente: "¡Mátalos!" y Demetrio Macías se queda mirándolos con una "sonrisa insolente y despreciativa", ellos se disculpan: "¡Ah, dispense, amigo!... Yo no sabía... Pero yo respeto a los valientes de veras". Poco después: "yo respeto siempre la casa de un valiente, de un hombre de veras". Demetrio los deja irse y el capítulo tiene un desenlace previsible: envía a su mujer e hijo "a la casa de mi padre", mientras él, seguro de que los federales volverán por su venganza a la humillación, sube a la montaña: "Cuando después de muchas horas de ascenso volvió los ojos, en el fondo del cañón, cerca del río, se levantaban grandes llamaradas. Su casa ardía..." (I:320-23).

Es muy claro el valor que el hogar, la *casa*, tiene en este episodio, y no es siquiera necesario que el sargento la jerarquice llamándola "la casa de un valiente". Si la novela se abre en ese episodio ejemplar, mostrando cómo la destrucción del hogar implica el definitivo alzamiento en armas de Macías, son también múltiples las referencias a aquel hecho u otros parecidos. Cuando reúne a sus hombres Macías solamente les dice: "¡Me quemaron mi casa!" (I:324); no es necesario decir más, porque la elocuencia del hecho sustituye a cualquier explicación. En otros momentos de la novela, aquel suceso singular se colectiviza: por cualquier pueblo que pasen la queja perenne de las víctimas de los federales es: "queman nuestras casas y se llevan nuestras mujeres" (I:328). El valor implícito del hogar, dentro de la estructura anecdótica de la novela, tiene posteriormente otro desenlace. Sabemos que Demetrio Macías había sido la víctima de un cacique de la región, don Mónico, quien lo había acusado de maderista: "Que dizque yo era maderista y que me iba a levantar" (I:347) como venganza de una humillación personal. A raíz de aquel hecho del pasado reciente, Macías era perseguido por los federales, y cuando realmente se levanta en armas, y comienza a recorrer la región con sus hombres, llegan en una ocasión a la casa del cacique. En ese momento ya ha sucedido Zacatecas y la caída de Huerta, y los revolucionarios marchan desatados de pillaje en pillaje; por eso, la casa del cacique les resulta un botín tentador. Pero Demetrio Macías impide todo robo; hace salir a don Mónico y a las mujeres, y ordena secamente: "Que se le pegue fuego a la casa". "Cuando dos horas después la plazuela se ennegrecía de humo y de la casa de don Mónico se alzaban enormes lenguas de fuego, nadie comprendió el extraño proceder del general" (I: 384). Ojo por ojo, diente por diente, casa por casa: la herida de Macías había sido la destrucción de su hogar, hecho que no podía vengarse con la muerte sino con algo peor: la destrucción equivalente del hogar del cacique.

En realidad es sólo aparente la diferencia entre las dos primeras partes de *Los de abajo*: en ambas está el autor, más contenido en la primera, más tendencioso en la segunda. Pero el retrato que Azuela nos deja de la Revolución Mexicana es integral, y la caracterización de "los de abajo" como seres primitivos, a menudo sanguinarios, bárbaros en definitiva, ocurre desde el comienzo. Un ejemplo inequívoco podría ser la manera como presenta a los hombres de Demetrio Macías: con apelativos que sustituyen sus nombres, con símiles que los animalizan, con descripciones expresivas de su crueldad. *El Manteca* tiene, así, "torvos ojos de asesino" (I:327) en medio de la lucha, y cuando, en la tregua, cuidan a su jefe, estos mismos hombres se convierten en dóciles animales: "como perros fieles" (I:329). Todo un episodio, de sabrosa narración, posee asimismo la intención secundaria de caracterizar a estos personajes; me refiero a la emboscada a los federales, durante la cual, merced a sus seguras posiciones, los revolucionarios parecen estar jugando al blanco, fría y despiadadamente, con sus enemigos. La escena semeja el juego infantil con soldaditos; los federales, en el fondo del cañón, son como figuras pequeñas a merced de la voluntad de sus emboscadores. El texto insiste en esta perspectiva y en la noción de juego.

"Asomaron los fulgores del sol, y hasta entonces pudo verse el despeñadero cubierto de gente: hombres diminutos en caballos de miniatura.

"—¡Mírenlos qué bonitos! —exclamó Pancracio—. ¡Anden, muchachos, vamos a jugar con ellos!

"(...) Veintiún hombres dispararon a un tiempo, y otros tantos federales cayeron de sus ·caballos. Los demás, sorprendidos, permanecían inmóviles, como bajorrelieves de las peñas.

"(...) —Mira, Pancracio —dijo el Meco, un individuo que sólo en los ojos y en los dientes tenía algo de blanco—; ¡ésta es para el que va a pasar detrás de aquel pitayo!... ¡Hijo de...! ¡Toma!... ¡En la pura calabaza! ¿Viste?... Hora pal que viene en el caballo tordillo... ¡Abajo, pelón!...

"(...) —¡Hombre, Anastasio, no seas malo!... Empréstame tu carabina... ¡Andale, un tiro nomás!...

"(...) —Mi cinturón de cuero si no le pego en la cabeza al del caballo prieto. Préstame tu rifle, Meco...

"—Veinte tiros de máuser y media vara de chorizo porque me dejes tumbar al de la potranca mora... Bueno... ¡Ahora!... ¿Viste qué salto dio? ... ¡Como venado! ..." (I:326-327).

Si éstos son los ejemplos de caracterización, no es de extrañar que luego, en la Segunda y Tercera partes, Azuela cargue un poco más la tinta en el diseño y le añada un tono de censura. No será que luego los héroes se degraden: simplemente nunca ha habido héroes (con la excepción de Demetrio Macías, quien se distingue nítidamente del total de sus hombres). Lo que sucede entre las dos primeras partes es que en la inicial Azuela suspende, hasta cierto punto, el juicio moral, el tono de enjuiciamiento presente en casi toda su narrativa hasta entonces (y rasgo principal de su actitud literaria). Pero esa actitud existe continuamente, y los ejemplos que acabo de dar pertenecen a la Primera Parte.

Este es, pues, un rasgo en Azuela, necesario de recordar en la lectura de sus libros, aunque pocas veces referido por la crítica. Dos ensayistas perspicaces lo han señalado cabalmente. El excelente crítico chileno Ricardo Latcham decía: "Siempre se mantuvo fiel a su mensaje y a su realismo primitivo, ya demostrado en Los de abajo. Azuela era un moralista que no ocultaba vicios ni defectos, pero que amaba profundamente a los tipos en que simbolizaba al mexicano de su tiempo".[18] Y Alfonso Caso, en el "Homenaje a cuatro miembros fundadores fallecidos" del Colegio Nacional (1954), expresaba: "Azuela no es por cierto un escritor objetivo. Deja hablar a sus personajes, haciendo que ellos mismos se retraten ante nosotros, nos descubre sus almas, y realiza una anatomía perfecta de sus motivos y sus pasiones; pero el novelista y el médico es también un moralista cargado de ideal, un patriota, un hombre a quien la injusticia social hiere y estruja profundamente. Por eso sus palabras son duras para juzgar a los viejos amos del porfirismo, a la burguesía cobarde e hipócrita de las ciudades, y a los 'avichuelos negros', como él los llama, que en nombre de Cristo dejan que su prójimo viva y muera en la miseria y el dolor".[19]

Caso no lo menciona, pero es cierto también que las duras palabras de Azuela terminan dirigiéndose a "los de abajo" cuando éstos se han convertido en turbas desatadas. El mejor ejemplo lo provee la Tercera Parte, cuando al pasar por los pueblos, la gente se esconde de los hombres de Macías, del mismo modo que "antes" se escondían de los federales. La historia se ha vuelto cíclica y el comienzo se muerde la cola en el fin. Diría más: como el enemigo visible —el porfirismo— era demasiado obvio como blanco de la crítica, no puede sorprender la actitud crítica de la novela, y en rigor no se analiza todo ese sector en busca de los motivos y las pruebas para el desprecio, porque la historia los estaba mostrando con todas sus señas y no era necesario integrarlos. Este es un ejemplo del contexto asumido en un libro: los acontecimientos apoyan a la ficción novelesca desde "afuera". En cambio, la crítica *a la revolución* misma, la crítica a aquellos sectores (los populares) que estaban desangrándose en las luchas, ésa sí necesitaba toda la cautela de la argumentación. De modo que Azuela elabora su novela *como* la argumentación o la prueba omitida en lo expreso, y son los hechos mismos los que habrán de hablar, dejando al autor aparentemente de lado, sin el compromiso de la omnisciencia, de la voluntad comprometedora. Esta es sólo una apariencia, como dijimos, porque los "hechos" de una novela son en última instancia elegidos por el autor. Y los hechos de *Los de abajo* serán finalmente los únicos que condenen a sus propios protagonistas.

En la Primera Parte, dicha crítica es apenas esbozada, o bien pasa de contrabando en algunas imágenes y referencias (de las que di ejemplo antes); allí, en verdad, el personaje más vilipendiado por el texto es un intelectual: Luis Cervantes. Integrante primero de las fuerzas huertistas, periodista que creía combatir a los revoltosos revolucionarios ("latrofacciosos", dice el texto, I:332) con la·fuerza de la pluma, exhibe su cobardía huyendo en la primera ocasión en que el ejército federal deba enfrentarse con ellos. Humillado, luego, y con el especial olfato de los oportunistas para advertir de dónde soplaba el viento y hacia dónde se encaminaba el triunfo, decide abandonar a los huertistas y, aprisionado casualmente por los hombres de Macías, se suma a su grupo convenciéndolos de una lealtad que no es tal. El personaje de Cervantes comprueba la reversibilidad de la retórica: lo que antes era el discurso contra los alzados, se vuelve entonces en su favor, y más aún: discurso inflamado de patriotismo, discurso de cronista, de héroe y de estratega. De algún modo, el grupo de Macías, compuesto por ignorantes hombres de campo, recibe y acepta a Cervantes y éste se convierte en su portavoz, en el que da forma verbal a sus aspiraciones, en el que inventa (según la argumentación secreta de Azuela) aspiraciones de reivindicación social que nunca, antes de haber sido expresadas por Cervantes, habían cruzado la mente de los revolucionarios.

La segunda muestra de cobardía de Luis Cervantes no tiene sino un testigo de su misma clase: sucede durante el enfrentamiento de Zacatecas y, como la primera vez, Cervantes deja que su cabalgadura huya del tronar de las balas y no se detiene hasta sitio seguro. Allí, cuando todo ha terminado, lo encuentra Solís otro intelectual como él, con la diferencia de que ha trocado la hipocresía por cinismo. Solís no cree ya en la revolución aunque está de su parte; Solís es la conciencia desdichada de una clase social que pese a sus buenas intenciones no llegó a comprender nunca la violencia de los explotados. Es singular que el propio Azuela reconociera en este personaje a una máscara de autor, a un portavoz de sus ideas,[20] de su desencanto y de su amargura en los momentos más duros de la prueba. A él se debe una de las dos imágenes comprensivas que de la Revolución ofrece *Los de abajo*: "La revolución es el huracán, y el hombre que se entrega a ella no es ya el hombre, es la miserable hoja seca arrebatada por el vendaval" (I:362).[21] Y a él se debe el análisis de su decepción, tal como la cuenta a Luis Cervantes en el capítulo XVIII de la Primera Parte: " 'Yo pensé en una florida pradera al remate de un camino... Y me encontré un pantano'. Amigo mío: hay hechos y hay hombres que no son sino pura hiel... Y esa hiel va cayendo gota a gota en el alma, y todo lo amarga, todo lo envenena. Entusiasmo, esperanzas, ideales, alegrías..., ¡nada! Luego no le queda más: o se convierte usted en un bandido igual a ellos, o desaparece de las escenas, escondiéndose tras las murallas de un egoísmo impenetrable y feroz". La dura decepción de Solís no está motivada por un hecho o dos, en realidad no por hechos en particular, sino por una suma de pequeños signos, de fútiles acontecimientos. "¿Hechos?... Insignificancias, naderías: gestos inadvertidos para los más; la vida instantánea de una línea que se contrae, de unos ojos que brillan, de unos labios que se pliegan; el significado fugaz de una frase que se pierde. Pero hechos, gestos y expresiones que, agrupados en su lógica y natural expresión, constituyen e integran una mueca pavorosa y grotesca a la vez de una raza... ¡De una raza irredenta!" (I:361-62). El segundo encuentro de Solís y Cervantes tiene lugar después de la batalla de Zacatecas, y entonces, poco antes de que Solís caiga ante una bala perdida, reitera estos conceptos: "¡Qué hermosa es la Revolución, aun en su misma barbarie! (...) Lástima que lo que falta no sea igual. Hay que esperar un poco. A que no haya combatientes, a que no se oigan más disparos que los de las turbas entregadas a las delicias del saqueo; a que resplandezca diáfana, como una gota de agua, la psicología de nuestra raza, condensada en dos palabras: ¡robar, matar! (...) ¡Pueblo sin ideas, pueblo de tiranos! ... ¡Lástima de sangre!" (I:368).

La decepción para Solís/Azuela ha provenido, como dice el personaje, de pequeños signos de la barbarie. Y luego, de la barbarie misma. Lo bello de la Revolución ha sido el triunfo sobre un estado de cosas —el latifundio, la dictadura, de un régimen anterior—, que ahora, en la lucha fratricida, se ha ensuciado de sangre. Está claro entonces que es la violencia popular de lo que reniega Azuela, lo que rechaza su personaje, y esa violencia es índice de una falta de *ideales*. Esta idea —expresa en y a través de un personaje— vuelve a encontrarse en la Segunda Parte bajo especie de la ya expresada probación de los hechos. Como si Azuela quisiera "ilustrar" la razón que le asistía a su personaje, toma dos episodios demostrativos. En el capítulo I de la Segunda Parte, cuando todos los combatientes de Zacatecas están gozando la ebriedad del triunfo, se jactan de las muertes que han hecho, y "el tema es inagotable" (acota el texto con intención). "Yo, en Torreón, maté a una vieja que no quiso venderme un plato de enchiladas. (...) Yo maté a un tendajonero en el Parral porque me metió en un cambio dos billetes de Huerta. (...) Yo, en Chihuahua, maté a un tío porque me lo topaba siempre en la mesma mesa y a la mesma hora, cuando yo iba a almorzar..." (I:372-73). Las *muertes* son inagotable tema de conversación, pero adviértase cómo han sido seleccionadas muertes no gloriosas, muertes que no ocurrieron en el campo de batalla, sino pura y simplemente asesinatos gratuitos y malévolos. Más adelante, en el capítulo XIV, aparece el "tema del yo robé" "¡Hum, pa las máquinas de coser que yo me robé en México!" dice un *mayor*. "Yo me robé en Zacatecas unos caballos tan finos...", dice un *capitán*. "Lo malo fue que mis caballos le cuadraron a mi *general* Limón y él me los robó a mí". "¡Bueno! ¡A qué negarlo, pues! Yo también he robado", asintió el güero Margarito. No importa el lugar —Zacatecas, Chihuahua, Torreón o México—, no importa la jerarquía de un grado militar —mayor, capitán o general—, todos parecen coincidir en las mismas artes nefastas del robo y el asesinato, según el retrato que de ellos hace el autor, y que, como señalé, parecen venir sólo a ilustrar las características que en palabras de Solís, son las definitorias de esta "raza irredenta", de este "pueblo sin ideales".

Pero si el robo y el asesinato son inequívocamente ofensivos —ofenden a un código humano, ofenden y destruyen la vida misma—, habría que apreciar también que el robo particular de "los de abajo" se ejerce contra la burguesía. Pillaje, saqueo, robo: tres términos usados en *Los de abajo* para calificar las actitudes del pueblo ante la propiedad burguesa, sin pensar que esta propiedad es también un producto del robo social (lo que sí se advertía en *Los caciques*). De ahí que todo un episodio de *Los de abajo* sea tan ilustrativo (involuntariamente) del escándalo al que nos induce el autor. Me refiero al capítulo II de la Segunda Parte, cuando ya en Zacatecas los revolucionarios se dedican a saquear casas de los ricos. Dentro de la lujosa mansión abandonada por sus dueños, el robo se convierte en "profanación" porque al ánimo del pillaje se une el ánimo de destrucción, y la destrucción no sólo se ejerce contra los objetos de uso sino contra libros, cuadros, "bienes" culturales absolutos en las manos de unos bárbaros ignorantes. He aquí algunas descripciones elocuentes:

"Hundió la punta de acero en la hendidura de un cajón, y haciendo palanca con el mango rompió la chapa y levantó astillada la cubierta del escritorio. Las manos de Anastasio Montañés, de Pancracio y de la Pintada se hundieron en el montón de cartas, estampas, fotografías y papeles desparramados por la alfombra".

"Pancracio manifestó su enojo de no encontrar algo que le complaciera, lanzando al aire con la punta del guarache un retrato encuadrado, cuyo cristal se estrelló en el candelabro del centro".

"Afuera, en un ángulo del patio, y entre el humo sofocante, el Manteca cocía elotes, atizando las brasas con libros y papeles que alzaban vivas llamaradas".

"—¡Mira, tú... cuánta vieja encuerada! —clamó la chiquilla de La Codorniz, divertidísima con las láminas de un lujoso ejemplar de *La Divina Comedia*—. Esta me cuadra y me la llevo.

"Y comenzó a arrancar los grabados que más llamaban su atención..." (I:374-376).

La descripción de la conducta popular en la casa burguesa es narrada detalladamente por Azuela, sin epítetos censuradores. Se pretende que sean los hechos mismos los que censuren a sus protagonistas, y el aquelarre se cierra con el grotesco: La Pintada hace entrar a una yegua en el comedor, mientras grita a todos que aquél es su "avance". No hay duda para quien lea el episodio, que esta conducta está puesta en tela de juicio por Azuela. No es la conducta de revolucionarios, sino de bandidos, de acuerdo con el código burgués. Y por ello, el autor acumula signos escandalizadores —los libros que se queman para cocer elotes, que se destruyen por el interés de unas láminas vistosas (y es nada menos que la *Divina Comedia*), o cuadros que se destrozan por el puro gusto o por el coraje de considerarlos inútiles— sin advertir que el *uso* cultural, el *valor* de los mismos, aun considerado absoluto, es relativo. En efecto, para "los de abajo", para quienes estuvieron siempre marginados de la cultura burguesa, ni cuadros ni libros ni bellas telas tienen utilidad, valor o significación. O lo tienen como símbolos de lo ajeno, de la propiedad de los "otros" cuya distancia de clase jamás pudieron superar. Incluso, para rematar emocionalmente este cuadro de barbarie, Azuela introduce la ideología del hogar: el hogar reaparece aquí, implícitamente, porque aun cuando sea casa de ricos, ornada con el boato de mal gusto de la burguesía, ha sido alguna vez un *hogar*.

Basado en estas mismas escenas, Menton reconoció un lenguaje *simbólico* que no había aparecido antes en las novelas de

Azuela. "El arrancar los grabados de la *Divina Comedia*... señala el descenso al infierno de la barbarie. En cambio, el símil del 'pórtico de la vieja catedral' en el último párrafo del libro hace pensar en la subida al cielo del alma de Demetrio".22 ¿Por qué es convincente Menton en cuanto al primer símbolo y no en cuanto al segundo? El primero tiene una significación social detrás de la primaria, y obedece a todo el sistema literario de Azuela, confrontado en una u otra parte de su novela con el mismo resultado; en cambio, la supuesta significación religiosa del final no es tan segura, dado que entraría a contrapelo del referido sistema dada su base liberal. De todos modos, Menton acierta al señalar equivalencias, paralelos, ya que la novela toda funciona en ese esquema. "Además de esta unidad topográfica, el personaje de Demetrio le da a la novela una gran unidad por su carácter épico que se destaca constantemente en medio de todo el caos revolucionario. El solo es el primero que se enfrente a los federales en el primer capítulo y él solo sigue apuntando después de que sus compañeros lo han abandonado o han muerto. Su nombre, Demetrio, que proviene de la diosa griega de los granos, lo identifica como el prototipo del campesino mexicano".23

III

¿Novela revolucionaria o novela de la Revolución? Ubicada en una u otra de las categorías, *Los de abajo* se ha sostenido siempre, desde su redescubrimiento en 1925, como el fruto más sazonado, más perfecto de entre las obras literarias producidas en el periodo de la Revolución Mexicana. Tal vez sea una falacia considerarla representativa de la "revolución integral", ya que se inscribe en sólo dos de sus periodos (la lucha contra Huerta y la escisión Villa-Carranza) y está narrada desde *una* perspectiva faccional. Tampoco puede dudarse de que los hechos, tal como han sido narrados en ella, pudieran haber ocurrido en la verdad histórica: esta idea la refuerza el reconocimiento, por parte del autor, de haber tomado modelos reales para sus personajes (los más visibles: Medina y Caloca para Macías) y haberse inspirado fehacientemente en los acontecimientos políticos y militares del momento. Pero en esta consideración se olvida con frecuencia que *Los de abajo* es una novela, ni una crónica histórica (pese a querer integrar los "Cuadros y escenas de la Revolución"), ni un libro de intencionalidad memoriosa ya que el autor ha desaparecido prácticamente de cuadro. Es una novela, ante todo, sin adjetivos limitadores: "de" la Revolución Mexicana, novela "revolucionaria". Si no el espejo de la Revolución o la síntesis en que aquel movimiento histórico quedara totalmente representado, tampoco constituye el medio por el que el pueblo expresara sus aspiraciones. Azuela no era parte de "los de abajo" y por más simpatía volcada en un principio —y en conflicto con sus decepciones—, jamás podría ser su portavoz. La novela ha sido valorada por encima de sus anteriores, porque un cambio en la estrategia de narrar le hizo depurarse del tono de censura moral que imperaba en aquéllas; es cierto que vale más, literariamente, y por esa condición. La ideología no dejó de existir, como tampoco el espíritu moral que lo animaba, pero se disolvió en acontecimientos que el relato ordenó y ejecutó, ya con oficio, ya con enorme habilidad de narrador.

[*Excursus*: Cuatro versiones en paralelo]

La batalla y toma de la ciudad de Zacatecas (junio de 1914), cuyos resultados sangrientos *Los de abajo* describe en el capítulo XXI de la Primera Parte, fue una de las más importantes en el curso de la Revolución Mexicana. Por un lado, fortaleció la ya bien ganada fama de Francisco Villa y le dio mayor seguridad para oponerse, poco tiempo después, a Carranza, provocando una escisión que seguiría combustiendo en luchas internas a la fuerza revolucionaria: por otro, fue un golpe mortal para el régimen del "traidor" Huerta, quien sufrió en esta ocasión no sólo una derrota militar sino el mayor motivo de desánimo de sus federales. Historiadores y memorialistas coinciden en señalar la importancia de la toma de Zacatecas, así como el hecho de que haya sido una de las más cruentas. El dato más elocuente es que de doce mil federales sólo unos pocos cientos hayan sobrevivido.

Azuela no presenció la batalla. Estaba en Lagos de Moreno en ese tiempo, y sin embargo *Los de abajo* la muestra con rasgos tan "vívidos" como sólo un testigo pudiera recrearlos. La descripción de la batalla y el cuadro fúnebre de muertos y heridos que la siguió se encuentran en muchas versiones que sin duda tuvieron temprana data y llegaron casi de inmediato a Azuela. En los vivacs se contaba la historia con el estremecimiento del horror y con el entusiasmo del triunfo. De inmediato pasó al periodismo y a los corridos, la venerable tradición de la poesía popular en nuestro país. Quedó también en los testimonios de quienes pelearon, de manera que no pudo resultar difícil acceder a su imagen si se quería referir, como Azuela sintió que debía hacerlo, como un momento axial de la Revolución.[24]

Es interesante comparar las coincidencias o diferencias de perspectiva con que ha sido descrito este episodio, ya se trate de a) los corridos, b) de las crónicas militares de quienes sí participaron, o c) de la novela. El corrido es una forma popular de poesía que asumió durante la Revolución tanto las funciones del "relato" oral, de inspiración heroica, satírica o animosa, como las más concretas de la información periodística. Hay varios corridos relacionados con la batalla y la toma de Zacatecas,[25] y todos coinciden en subrayar el triunfo épico sobre Huerta: el corrido se ensaña sarcásticamente en la odiosa figura del usurpador y expresa claramente la bravuconería heroica de los revolucionarios:

> Ahora sí, borracho Huerta,
> harás las patas más *chuecas*
> al saber que Pancho Villa
> ha tomado Zacatecas.

> Gritaba Francisco Villa
> —¿En dónde te hallas, Barrón?
> Se me hace que a mí me vienes
> *guango* como el pantalón.

> (. . .) Gritaba Francisco Villa:
> —¿Dónde te hallas, Argumedo?
> ¿Por qué no sales al frente,
> tú que nunca tienes miedo?

Hace un cuadro de los muertos y la destrucción:

> Estaban todas las calles
> de muertos *entapizadas*
> y las cuadras por el fuego
> todititas destrozadas.

Se ríe de los federales sobrevivientes y en fuga que buscan vestirse de mujer para poder escapar desapercibidos.

> Andaban los federales
> que no hallaban ni qué hacer
> buscando enaguas prestadas
> pa' vestirse de mujer.

La responsabilidad por la destrucción de Zacatecas la tiene Huerta, sin cuya traición a Madero nada de esto hubiera sucedido:

> ¡Ah, hermoso Zacatecas!,
> mira cómo te han dejado,
> la causa fue el viejo Huerta
> y tanto rico allegado.

Los "corridos de la Revolución" han sido de variada índole, y Mendoza los distingue en categorías como "revolucionarios", "políticos", "de carácter lírico", sobre "fusilamientos" o de "bandoleros", de acuerdo con una mezcla de criterio temático y de tono narrativo. Lo que caracteriza a los escuetamente llamados "revolucionarios" entre los que se encuentran los referidos a hechos militares, es compartir con otros el entusiasmo, la idealización de los combatientes, así como la befa del caído cuando este caído es precisamente el enemigo. En el corrido que acabo de citar, los tonos que predominan son el heroico (la mostración de una estrategia eficaz) y el burlesco (en lo que toca a Huerta o a la huida de los federales); por eso, no hay una reflexión sobre los horrores de la guerra ni el canto luctuoso por los compañeros muertos.

Similar al corrido en el tono de orgullo guerrero, resulta el testimonio del general Felipe Angeles, un brillante estratega cuya artillería decidió en gran medida el éxito del avance, pero es más significativo que los corridos en cuanto asume con abundancia la descripción y la (auto) valoración del papel revolucionario. En su Diario[26] puede leerse la versión pormenorizada y hasta cierto punto austera del episodio, como un documento de indudable valor pero también pleno de significación psicológica. Porque a diferencia de otros testimonios, o de Los de abajo, Angeles antepone el orgullo militar al dolor por las pérdidas o a la conciencia moral ante el hecho de la guerra, de la destrucción, de la muerte. Esta última conciencia aparece en cambio en otro militar, el general Francisco Cervantes, quien muchos años después (y no de la manera inmediata en que lo hizo Angeles) describió también la batalla y sus resultados, anteponiendo, en su caso la "reflexión moral" al hecho militar y político.[27]

Los de abajo y Federico Cervantes coinciden en un aspecto: la observación sobre los instintos "bestiales" del hombre, despiertos al fragor de la guerra y la visión de la sangre. En Federico Cervantes, la "reflexión moral" que se permite al final de su relato tiene un valor de generalización: se trata del "hombre", aunque en el ejemplo ese "hombre" sea mexicano: "Lo cierto es que, durante esos periodos de lucha brutal, los instintos salvajes del hombre se exacerban, la 'bestia humana' reaparece y los más bajos instintos se esgrimen con lujo de crueldad, sólo contenida, a veces, por la disciplina de la muerte".[28] Para Solís, el personaje de Los de abajo, se trata de un rasgo de la "raza", de una raza "irredimible". Por ello, habla de "las turbas entregadas a las delicias del saqueo" y a la existencia de una psicología de nuestra raza, condensada en dos palabras: "¡robar, matar!"

También coinciden en la responsabilidad de Huerta por todo el drama de una guerra civil, si bien en Federico Cervantes hay una nota de dolor, y en Solís una muy marcada de decepción ante los revolucionarios. Dice Cervantes: "El cielo contemplaba impasible tanto sacrificio por un usurpador, y tanto dolor por un ideal de democracia!...".[29] Y dice Solís en Los de abajo: "¡Qué chasco, amigo mío, si los que venimos a ofrecer todo nuestro entusiasmo, nuestra vida misma por derribar a un miserable asesino, resultásemos los obreros de un enorme pedestal donde pudieran levantarse cien o doscientos mil monstruos de la misma especie!" (I:368). Es claro que en el primer ejemplo se trata de una exclamación de tipo humanista y liberal, y en el segundo de una doctrina que se desliza hacia la reacción en cuanto sólo ve en el triunfador la asunción de la misma imagen cruel y sanguinaria del enemigo derrotado. Son discursos diferentes: uno reflexivo, una suerte de *memento mori*, el otro doctrinario.

No se presta a dudas el hecho de que la batalla de Zacatecas haya sido feroz, y que el "cuadro de horror" de los cadáveres debió ser tan impresionante como se describe en *Los de abajo* o en los demás testimonios. En la novela, dos personajes observan: "De lo alto del cerro se veía un costado de la Bufa, con su crestón, como cresta empenachada de altivo rey azteca. La vertiente, de seiscientos metros, estaba cubierta de muertos, con los cabellos enmarañados, manchadas las ropas de tierra y de sangre, y en aquel hacinamiento de cadáveres calientes, mujeres haraposas iban y venían como famélicos coyotes, esculcando y despojando" (I:368). Junto a esta descripción vale colocar la que hace el general Angeles en su diario: "Los siete kilómetros de carretera entre Zacatecas y Guadalupe y las regiones próximas, de uno y otro lado de esa carretera, estaban llenas de cadáveres, al grado de imposibilitar al principio el tránsito de carruajes. Los cadáveres allí tendidos eran, por lo menos, ocho décimos de los federales muertos el día anterior en todo el campo de batalla". Y reconoce implícitamente el despojo de los muertos: "Los caballos muertos ya no tenían monturas, ni bridas, y los soldados ni armas, ni tocado ni calzado, y muchos ni aun ropa exterior. Por la calidad de las prendas interiores del vestido, muchos de los muertos revelaban haber sido oficiales".[30]

Lo que distingue el diario del general Angeles de los textos anteriores citados es, como señalé al principio, un inequívoco orgullo de profesionalismo militar. Este ánimo no sólo se trasluce en la minuciosidad y el rigor con que explica los movimientos de la artillería, las decisiones de la estrategia y el combate de la infantería, sino también en la falta de emoción o juicio moral. El suyo es un diario de campaña en el que importa dejar un testimonio de la eficacia militar y no de la mera valentía o de la fuerza bruta. No podemos olvidar que el general Angeles era un militar de carrera, con estudios y adiestración en el ejército francés (1901), en los Estados Unidos (1904),[31] y que había sido profesor en el Colegio Militar. La frialdad aludida no aparece sólo en la descripción de los hechos militares o en la ausencia de emociones (salvo, como decía antes, la del orgullo profesional): también está en el recuento de la vida cotidiana. Dos rasgos insistentes —el baño matutino y el sueño nocturno—, aparecen registrados con una normalidad que hace olvidar la presencia de la guerra y del sufrimiento: "Día 20 de junio. Tomé mi baño en una tinita minúscula". Y en la noche: "Cenamos contentos y dormimos felices". "Día 21 de junio. Tomé mi baño un poco preocupado por no saber si las tropas que servían de sostén a los dos grupos de artillería... estarían bien colocadas y serían eficaces". "Día 22 de junio... Cenamos alegres... Dormimos bien". "Día 23 de junio [el día clave de la batalla]. Despertamos tarde; me afeité, me bañé y cambié de ropa interior; desayunamos, montamos a caballo; yo en mi Carley, brillante y musculoso". Y al fin del día, después de toda la refriega: "Bajo el encanto de la obra clásica de ese día feliz, me hundí plácidamente en un sueño reparador y sin aprensiones".

Estas entradas en el Diario nos permiten reconocer un rasgo social: el que caracteriza a la casta militar, a los oficiales, a "los de arriba" (hombres de a caballo y en la cúspide del poder militar). Por ello, no es de extrañar que Angeles llame "obra clásica de ese día feliz" a un encuentro sangriento en que murieron más de doce mil hombres de uno y otro bando, aunque la mayoría fuesen federales, muchos de ellos reclutados a la fuerza. Sin duda "los de abajo", los heridos y mutilados, no tuvieron como Angeles ni el sabroso desayuno ni la conversación amena de sobremesa, ni el sueño plácido o el baño cotidiano, pero ello queda a cuenta de las diferencias de clase dentro del mismo sector revolucionario. De ahí también, de esa conciencia de casta, es que proviene una de las observaciones más valiosas del Diario, ya que en ella Angeles reconoce estas mismas diferencias anotadas: "La guerra, para nosotros los oficiales llena de encantos, producía infinidad de penas y de desgracias, pero cada quien debe verla según su oficio. Lo que para unos es una calamidad, para los otros es un arte grandioso" (24 de junio).32

La lucidez de esta observación, teñida de todos modos por la *aceptación* indiscutible del orden de las cosas, no aparece ni remotamente en *Los de abajo*, donde la condena (a través del vocero intelectual del libro y de Azuela, Solís) cae sobre "los de abajo" por su barbarie, inexplicable en otros términos que en el de "raza irredenta". La novela (Solís) no *lee* en la violencia (como signo) ninguna manifestación social y por ello la traduce directamente en una imagen de primitivismo salvaje. No advierte, por ejemplo, ni la pobreza extrema ni la inquina social del explotado, en el hecho de saquear las ropas y las armas de los muertos. No advierte (como tampoco lo hace Federico Cervantes en su libro sobre Angeles) que no puede ni debe esperarse "educación" —o cualquier otra forma del código guerrero— en seres que no están en la batalla por una vocación militarista sino porque la lucha por el poder ha antagonizado grupos que se debaten usando la fuerza y la sangre de las masas desposeídas.

De aquí el énfasis colocado igualmente por Solís en *Los de abajo* que por Federico Cervantes en su libro, sobre la índole *política* de la lucha. Cervantes habla de un "ideal de democracia" y Solís de "derribar a un miserable asesino", encauzando la energía y el sentido de la Revolución sólo a la restauración de un orden político transgredido, y no a un verdadero cambio de estructuras que trajese el beneficio a los millones de campesinos sin tierra. Quedan en estos textos claras las fuerzas que operaban en la Revolución: la ideología de la burguesía terrateniente (Carranza), del militarismo profesional (Angeles, Cervantes), de la reacción neoporfiriana (Huerta), y de los caudillos (Villa, Obregón) luchando por el poder. Marginal, la aspiración agraria (Zapata). Mientras tanto, el único estímulo vital para los "de abajo", es decir el saqueo que compensa el peligro de muerte, las fatigas o el dolor de las heridas, es el que los textos liberales con mayor fuerza condenan.

De *María Luisa* a *Las moscas* y *Las tribulaciones de una familia decente* (estas dos, de 1918), la perspectiva social de Mariano Azuela se ha ampliado y enriquecido, aunque los valores de la ideología sean los mismos. Esa apertura de la perspectiva social modifica fundamentalmente el enfoque de los problemas que desarrolla su novelística, así como la fuerza del acento puesto sobre cada uno de ellos. La explicación está a la vista: un gran movimiento social ha estallado y se ha desarrollado en México desde 1910, y Azuela no ha sido para nada indiferente a él. Como consecuencia narrativa, sus historias, sin perder la individualidad de sus personajes, aspiran a una dimensión mayor, social y política. De ahí que en *Los de abajo* esté el retrato de un grupo de hombres alzados, retrato que vale no sólo para ellos como personajes, sino que aspira ciertamente a la "representatividad", y como vimos, en especial al citar las "imágenes" de la Revolución, aspira también a definirla y a caracterizarla como un todo.

Las moscas y *Las tribulaciones de una familia decente* se postulan, aparte de ser novelas autónomas, como la composición de un tríptico, junto con *Los de abajo*, y, en efecto en ellas Azuela continúa la "crónica" del desarrollo de la Revolución. *Las moscas* narra ese difícil momento de transición en que el ejército vencido (Villa) se disgrega ante el poder de las fuerzas vencedoras (Obregón y Carranza). Es el momento de la inquietud de todos los comprometidos con el villismo, y también el momento en que intentarán "cambiar de chaqueta" de acuerdo con sus posibilidades. El oportunismo, que también había mostrado Azuela para otro momento de transición —del porfiriato al maderismo— en *Andrés Pérez, maderista*, aparece aquí en toda la regla, del mismo modo que aparecerá también en *Las tribulaciones*, y en *Domitilo quiere ser diputado*, novela corta de este mismo año. El oportunismo resulta el tema y la preocupación de Azuela en estos textos, preocupación que tratará de diferentes maneras, con diferentes modulaciones pero con igual intencionalidad.

Dice un personaje: "Cuando el pastel confeccionado por estos caballeros estuvo a punto, los caudillos han tirado cada uno por su parte, y nosotros (perdóneme lo chocarrero de la comparación) nos hemos arrojado sobre el pedazo que más cerca teníamos con la voracidad de un mosquero en estío" (II:915). Estas son las *moscas*: quienes en la escisión de las fuerzas revolucionarias supieron "sobrevivir" aun a costa de abandonar y traicionar sus posibles ideales. Pero las *moscas* son también los que no tienen ideales, los burócratas que permanecen en su sitio no importa el líder, el jefe que llegue a ordenarlos. Hay toda una teoría sobre este asunto: "La revolución es medio cierto de hacer fortuna, el gobierno es el único de conservarla y darle el incremento que amerita; pero así como para lo primero es indispensable el rifle, el oficinista lo es para lo segundo. Ellos quieren hacer gobierno solos y son como las piedras lanzadas a las alturas que no fueron hechas para las piedras. Caerán irremisiblemente, y como nosotros representamos una fuerza incontrastable, la fuerza de la inercia, o caen en nuestras manos o se aniquilan en plena anarquía" (II:881). Así se expresa la conciencia de la inevitabilidad histórica desde la perspectiva de las fuerzas conservadoras: después de la tormenta, la calma. Hay que esperar a que lo que ha subido y es más pesado que el aire, caiga. Los burócratas se constituyen en una fuerza inerte y fatal, pero segura en sí misma, seguridad que sólo le daría la pertenencia a una clase social aunque al parecer no la constituyen.

En la estructura anecdótica, todas estas ideas se ilustran, como si los hechos estuvieran, aun correctamente observados a partir de la realidad, para comprobar ciertas ideas de difícil definición: realistas, cínicas, amargadas o adoloridas. Cuando Azuela escribió sobre estas novelas, expresó también el estado de ánimo que lo había orientado, y de alguna manera llegó a la autocrítica. Según él, en *Las moscas* había sido demasiado duro con los burócratas, ya que éstos actuaban en la manera comprensible de quienes deben preocuparse ante todo por el sustento de sus familias y por la sobrevivencia social. En realidad, tal como lo ha dicho también la crítica,[1] el señalamiento de Azuela no era tanto injusto como errado: en vez de indicar a quienes se beneficiaban monstruosamente de la revolución —la burguesía voraz, o bien los revolucionarios corruptos que se subían al carro del poder—, se ensañaba con los pequeños seres cotidianos, neutros, que tenían todo por perder y nada por ganar. "Ahora que han pasado muchos años y releo algunas páginas de *Las moscas*", dijo Azuela, "comprendo que fui despiadado y cruel en la pintura de ese gremio. Porque si para todo el mundo los revolucionarios constituían una amenaza constante, para los desdichados burócratas significaban algo de vida o muerte. Al vaivén de las facciones que entraban y salían de las ciudades, entraban y salían los empleados; ocurriendo muchas veces que pobres viejos probos y competentes fueran sustituidos por amigos, parientes o recomendados, gente ignara en general, sólo por el gusto y satisfacción de los jefes en hacer gala y dar pruebas de su poder. Aquellos desventurados andaban, por tanto, de cabeza; iban, venían y se revolvían sobre el mismo sitio, presumiendo o adivinando adónde habría de quedar la torta. ¡Las moscas!" (III:1091). Esta *compasión*, sentida muchos años después del anatema *despiadado* y *cruel*, no altera de ningún modo la visión de Azuela, sólo la dulcifica, la parcha, sin ver tampoco cuál era el movimiento interno de la sociedad, cuáles las fuerzas que, en el fondo, y más allá de los caprichos de jefes revolucionarios, estaban modificándola.

Lo interesante de comprobar, en esta revisión que hizo el autor de sus propias obras y de sus actitudes en el tiempo de escribirlas, es el reconocimiento de una tendenciosidad impuesta por el ánimo: "Sería torpe negar que en estos tres breves trabajos [incluye *Domitilo quiere ser diputado*] puse toda mi pasión, amargura y resentimiento de derrotado. No sólo me afligía mi dura situación económica, sino la derrota total de mi quijotismo: la explotación de la clase humilde seguía como antes y sólo los capataces habían cambiado" (III:1093). Pero esta amargura no tiñe sólo la visión general de la Revolución después de 1914 (hay un silencio de publicaciones entre 1915 y 1918, que se explica por la inoportunidad política de publicar sus libros en pleno triunfo carrancista); también caracteriza la visión de "los de abajo", ese sector que ya al final de la novela de 1915 había ingresado sin remedio en la violencia vacía y gratuita.

El *cambio social* aparece definido en *Las moscas* con una fórmula insidiosa de un personaje: "Los pensadores preparan las revoluciones; los bandidos las realizan" (II:873). Pero la amargura que hay en esta fórmula aparece también en la narración de los hechos sociales y en la significación táctica de los hechos desnudos. Así, por ejemplo, la requisitoria contra la "revolución" de los "carranclanes" tiene una perspectiva burguesa aunque pareciera ser neutra, una palmaria verdad: "Yo los aborrezco con toda mi alma para que lo que pudiera decir de ellos fuera un poco desapasionado", dice Matilde, personaje; "ni le digo a usted que visite los panteones porque los muertos no hablan; pero vea usted nomás las casas de nuestra sociedad más distinguida convertidas en cuarteles, nuestros mejores colegios en mesones, el arzobispado en caballeriza y los templos en zahúrdas" (II:871). El descaecimiento de la sociedad burguesa es visible: casas (cuarteles), colegios (mesones), iglesias (caballerizas y zahúrdas). Lo que en la ideología burguesa era la imagen de la vida pacífica e ideal, acaba convirtiéndose en imagen endemoniada de guerras y profanaciones. Claro está que la que acaba de ejemplificarse es la imagen ideológica de un personaje, ni del autor ni del texto, pero *Las moscas* está tan pletórica de estas imágenes, tan llena de críticas de la Revolución, que acaban por entrar todas en el mismo saco ideológico.

Lo que se advierte con mayor precisión, porque hay un obvio

distanciamiento entre personajes, historia y visión narrativa, es el tema ya mencionado del oportunismo político. Y este tema encuentra su mejor ejemplo en el final, cuando la familia continúa su viaje de huida de la ciudad —a medida que las fuerzas obregonistas se acercan y van a tomar posesión de ella—, y dejan al hijo con el propósito de que se una a las fuerzas de Obregón, de modo tal que apenas disipadas las tensiones de la lucha faccional puedan volver a acomodarse a la vida de siempre. Porque éste es el lema de la burguesía sin ideales: "Caer parados". "Vamos, mamá, que de veras eres tonta. ¿Entonces de qué nos sirven nuestras relaciones con tantos carrancistas? Si los de Villa caen, caemos nosotros pero parados. Ten confianza. Quiñones nos salvará" (II:895).

La tormenta revolucionaria ha caído con tanta sorpresa sobre la estratificación de clases, que en un primer momento nadie sabe cómo reaccionar. Lo mismo pasa con los acontecimientos de la Revolución: Villa triunfa y fracasa; Carranza triunfa ahora (y luego será asesinado). Los vaivenes, las oscilaciones de la vida social refuerzan en la burguesía el olfato: no sólo para "caer parados" si tienen que caer momentáneamente, también como brújula, para oler "la torta" de la Revolución triunfante y saber hacia dónde dirigirse. En *Domitilo quiere ser diputado* el ejemplo de estas actitudes miméticas y oportunistas motiva buena parte de la trama. Hay una nota infamante en el pasado de don Serapio Alvaradejo, el Tesorero Municipal del pueblo, cuya aparición podría ocasionar el fin de su carrera política y hasta de su vida: es un telegrama enviado a Victoriano Huerta cuando éste tomó el poder y asesinó a Madero. El telegrama en cuestión está en manos anónimas que extorsionan a Serapio, hasta que al fin llega al general don Xicoténcatl Robespierre Cebollino. La vuelta de tuerca final la da el propio general, cuando reconoce: "¡Pero qué rebrutos son sus paisanos, don Serapio!... ¿Ha visto usted cosa más chistosa? ...¿Pues qué dirían estos solemnes mentecatos si supieran que yo le serví a Huerta también y que, cuando don Porfirio, yo agente del ministerio público de Nombre de Dios hice ahorcar más maderistas que todos los que Huerta, Blanquet y Urrutia juntos hayan podido echarse al plato?" (II: 948). En este caso, la ironía no se queda en ironía narrativa, en mostrar cómo los peligros se conjuran de los modos más inesperados, sino que se traslada al plano político. Aquí Azuela quiere denunciar cómo las fuerzas de la Revolución triunfante (carrancismo, claro, el carrancismo que él odiaba) estaba compuesto en gran medida por los viejos porfiristas y huertistas mimetizados. La Revolución acababa así de traicionarse por completo.

En la amargura de esta derrota enfangada por los triunfadores aparece la melancolía con que se observa (por única vez en su narrativa) la presencia de Villa. En *Los de abajo*, la imagen de Villa no era promisoria; si bien no aparecía como personaje, sus referencias hacían sentir la importancia de su presencia, y ello se confirma en la inminencia de la batalla de Zacatecas, cuando el anuncio de que Villa llegaba enciende a los revolucionarios. Pero incluso entonces, el texto lo refiere con reservas, o bien con pretensión de equidistancia: "¡Oh, Villa!... ¡Los combates de Ciudad Juárez, Tierra Blanca, Chihuahua, Torreón! Pero los hechos vistos y vividos no valían nada. Había que oír la narración de sus proezas portentosas, donde, a renglón seguido de un acto de sorprendente magnanimidad, venía la hazaña más bestial. Villa es el indomable señor de la Sierra... el bandido-providencia" (I:365).2 La ríspida referencia de *Los de abajo* se trueca en una estampa, un retrato melancólico, en *Las moscas*: "La puerta posterior del Pullman se ha abierto y, en mangas de camisa, aparece un hombre recio de carnes, de hombros anchos y cuadrados, de rubicunda faz, párpados hinchados tras los cuales brillan unos ojos como brasas. El hombre avanza. De pie en la plataforma, su mirada inquieta se desparrama en torno; su gran cabeza de pelo crespo se levanta indómita como la de un león; sus movimientos se dibujan tardos y ondulantes como el lomo de una pantera. Reina imponente silencio a su alrededor (...). Su mirada se tiende a lo lejos, hacia una nube blanca. Y entre el polvo hay celajes de oro, pinceladas de sangre caliente de un sol que se extingue... que se extingue para siempre" (II:924-5).

Es la imagen inequívoca de un final. Otro tono muy diferente emplea Azuela para contar el "final" de la oligarquía rural en *Las tribulaciones de una familia decente*.3 Aquí no hay piedad ni compasión (excepto por uno de sus integrantes: Procopio, gracias a la ideología del trabajo y del sufrimiento, que ilustra con él), sino muy al contrario, una carga de odio y resentimiento que sólo tiene parangón con los que Azuela sentía por el propio carrancismo. La familia de marras, los Vázquez Prado, se describe como un clan de la oligarquía rural, terratenientes de Zacatecas, que huyen hacia México durante la desbandada que siguió a la batalla de los revolucionarios contra los huertistas en esa ciudad. *Las tribulaciones* es una novela larga y ambiciosa, suficientemente estructurada como para sentir en ella que el autor quiso hacer una diagnosis completa de todo ese sector social, de manera de calibrar su grado de recuperabilidad. Y así lo hace: en la narración de las sucesivas peripecias padecidas por los integrantes de la familia, Azuela divide a los buenos y los malos (una escisión familiar que recuerda inevitablemente la que estaba sucediendo en la "familia" nacional revolucionaria). Esta división resulta equívoca: los que parecen estar en una posición moralmente correcta en la primera parte pasan en la segunda a ser los anatematizados: Azuela impone una cierta intriga en la trama novelesca, que se corresponde con las "intrigas" políticas de los oportunistas ante la Revolución.

La primera parte, "El libro de las horas amargas", está contada por un miembro de la familia, el *cronista* que adopta esa función explícitamente y que así nos la puede presentar: "Y bien, los Vázquez Prado, como todas las familias decentes, venimos a menos desde la revolución maderista. 'El gobierno del señor Huerta —se dice en casa— fue ensueño efímero de restauración, al que en breve habría de suceder la horrenda pesadilla de la revolución de 1913, el triunfo estupendo de este don Venustiano, y como tiro de gracia el desastre de las finanzas al implantar la doctrina hacendaria-latrofacciosa: Hay que tomar el dinero de donde se halle' " (I:419). Azuela mata dos pájaros de un solo tiro en esta novela: ataca a los "viejos" enemigos, es decir a los porfiristas y neoporfiristas de la laya de Huerta y quienes lo siguieron y apoyaron, y también a los "nuevos" enemigos: el carrancismo. En cuanto a la familia de raigambre porfiriano-huertista, los Vázquez Prado, el autor la somete a las vicisitudes que vivieron muchas familias en la época, con el final previsible: algunos de ellos terminarán en la derrota (el propio Procopio, el hombre bueno, morirá), mientras los demás llegan a gozar del éxito de incluirse en los cuadros de la nueva burguesía revolucionaria. De algún modo, aunque no en la figura de pater familias, Procopio, Azuela comprueba lo que se decía en *Las moscas* y aquí repite el personaje hablando de los ancestros familiares: "Procopio, mi papá, observa, sonriendo con una sonrisa socarrona que tiene la fea propiedad de prender como dardo de alacrán, que, gracias a sus narices políticas, los generales Prados caían siempre parados" (I:420). Como complemento de este orgullo familiar, "Pascual, esposo de mi hermana Berta", quien en la primera parte sostiene los ideales familiares y en la segunda se revela como un oportunista y ladrón de la peor especie (acabará apoderándose de todas las propiedades de los Vázquez Prado), señala: "Lo más sagrado que el hombre tiene en el mundo es la familia. Los generales Prados, al afirmarse sistemáticamente en facciones contrarias durante nuestras luchas intestinas, han revelado talento y nobleza de corazón. Honores, ambiciones, gloria, la vida misma, al servicio del más excelso ideal: ¡la familia! Y la familia, ¡claro! ganó siempre quienquiera que fuese el vencedor" (I:420). Esta retórica está puesta en labios de quien no cree en ella, de quien se separará de esa familia, destruyéndola; de tal modo que la ideología del hogar, ya observada en otros libros de Azuela, tiene aquí no un mentís sino una confirmación: lo que va a cronicar Azuela es la escisión de esa familia y la recomposición final (al menos, de una de sus partes) como una imagen cierta del cambio social que estaba ocurriendo en México. En verdad, tanto la organización como la estratificación social no permanecieron incólumes, y las viejas familias de hacendados y latifundistas vieron modificarse sustancialmente su condición. Lo que apenas cambió fue el sistema para "los de abajo", quienes muchos años después de terminado el periodo armado aún no veían satisfechas sus demandas de tierra, su aspiración a una verdadera revolución de las estructuras agrarias. La segunda parte, "El triunfo de Procopio", tiene una doble función: mostrarnos el grado de pobreza a que habían llegado algunos de los más encumbrados, y la posibilidad de regeneración a través de valores ideológicos como el "trabajo" y el "sufrimiento". Esto último constituye verdaderamente el *triunfo* del personaje, y es un triunfo personal, moral, antes que social y económico. La familia en desgracia ha caído a lo más "bajo": el contacto con la plebe. "Proletarios reventando de dinero carrancista, medio muertos de hambre; humildes empleados, modistas, pequeños rentistas, huérfanos, valetudinarios: la clase media condenada a una doble tortura, en íntimo contacto con la plebe vil y canalla, a quien nunca le fue mejor ni peor, y que ahora, ensoberbecida, le escupía en la cara su insolente baba" (I:492). Si esto sucedía con la "clase media", mucho más duro y cruel era el contacto de las familias "ricas de provincia" sometidas a igual castigo. Dentro de este horrísimo cuadro, Procopio encuentra la satisfacción de "salvarse" mediante el *trabajo*, aquello que para las clases ociosas resultaba hasta ese momento inadmisible, intolerable. Incluso Berta, rica pero desdichada, aunque ya tarde, reflexiona sobre esa "tabla de salvación": "¡Las comodidades! ¡El lujo!... Si yo fuera pobre siquiera. El trabajo sería mi consuelo, en el trabajo encontraría alivio para mi dolor, el trabajo agotaría mis pobres fuerzas y, rendida, podría dormir largas horas, interminables horas. En el trabajo encontraría seguramente la resignación que hoy nadie, nadie me puede dar..." (I:560).

Resulta sugestivo: la ideología del trabajo y la ideoolgía del sufrimiento aparecen en situaciones límite y extemporáneas: en la neurótica Berta, en el agonizante Procopio. Son como mensajes extremos, palabras últimas que, con un dejo de compasión, la novela acerca a estas familias en descomposición como su única salida noble, como última posibilidad de redención y dignidad. En cuanto a Procopio, sus palabras de moribundo encierran una equívoca ideología del dolor elogiado, pero si ésta es la idea regeneradora de la novela, efectivamente la que deja al final, la que compartirá el propio Azuela años más tarde en sus referencias a *Las tribulaciones*, no hay duda de que es una ideología desdichada y nada progresista. Dice Procopio: "Mira, la verdadera dicha es ésta, la de las pequeñas alegrías diarias, porque la otra, la Dicha que se escribe con mayúscula, ésa no existe, es miraje, mentira funesta. Los elementos de la felicidad los llevamos dentro con absoluta equidad. Todo depende de poner en armonía nuestro mundo interior con el de afuera (...). Los que buscan la dicha fuera de sí mismos van al fracaso indefectible. Pero para alcanzar el sentido de la vida no hay más que un camino único, el del dolor. Por el dolor se nos revela en toda su verdad nuestra personalidad íntima, y con esa revelación viene aparejada la revelación suprema: el sentido de la vida. Tanto más vasto será el campo de nuestras pequeñas alegrías, cuanto más alto hayamos ascendido en la escala del dolor" (I:565).

Azuela respalda a su personaje; más aún, sostiene la ideología del mismo anteponiendo su propia experiencia, haciéndose uno con él. En el texto que le corresponde a *Las tribulaciones de una familia decente* en "El novelista y su ambiente", Azuela dirá: "Tipo de aquellos ricos convertidos y regenerados por el trabajo, es Procopio, protagonista de *Las tribulaciones de una familia decente*. Estudié en esta novela ese medio lleno de sugerencias, previo el aprendizaje en mi propia carne de que el dolor es la fuente más fecunda de nuestras más nobles actividades en la vida y de que nada nos da más ricas enseñanzas que él" (III:1097).

Pero si Azuela termina identificando al personaje con su propia concepción de la vida, acercándose a él o bien acercándolo a su modo de pensar, éste es tal vez el resultado del largo trato con los personajes y la necesidad de darle a su novela un vuelco positivo dentro del cuadro negro, nefasto, que elabora del carrancismo. Porque el final asume en rigor una positividad dentro del negativo que es el conjunto. Diríamos más: la novela es una de las más críticas y apasionadas de Azuela en cuanto a las posiciones que asume frente a la sociedad, frente al momento político que el país está viviendo en 1915-1918. El objeto de su odio es nítido, incontrovertible: el carrancismo pintado como una organización del saqueo y del robo desmedido. Tal vez por ello, tal vez por el retrato que hacía de la facción triunfante, Azuela mantuvo un prudente silencio hasta 1918. La novela cumplía las condiciones de un polemismo que no iba a solucionarse durante muchos años. Incluso en 1938 éste continuaba, y en un ensayo de Gastón Lafarga se decía de *Las tribulaciones* que en ella Mariano Azuela "quiso demostrar que la facción denominada carrancista fue en la Revolución Mexicana, la corriente turbia del robo y del crimen. Esto condujo a su autor a un error político y literario. Cuando sus personajes juzgan o injurian al carrancismo se oye la voz del novelista expresando su propio juicio (. . .). La realidad aparece deformada y mutilada".4

La primera lectura posible de *Las tribulaciones* es una lectura política, a hacerse sobre el telón de fondo de la situación de su tiempo, y en este sentido no cabe duda de que su posición, osada, consiste en oponerse al carrancismo. Pero en una lectura social, que intente advertir cuál era la visión de Azuela en cuanto a la recomposición de las clases en la nueva situación, la lectura de *Las tribulaciones* resulta más compleja. Azuela observa un doble hecho, ya señalado: un sector de aquella oligarquía rural (Procopio y parte menor de su familia) morirá o se regenerará a través del trabajo, es decir que desaparecerá como tal, como clase oligárquica, para subsumirse en la clase media (cuya tortura, lo vimos en el texto, era el "contacto" con la "plebe"): para este sector no queda otra esperanza que vivir hacia *adentro*, cultivar voluntariamente su propio jardín y apreciar la belleza de la vida espiritual, no social. En cuanto al otro sector (doña Agustinita y sus añejas ideas porfirianas; Berta, quien, se mantiene rica porque su marido llega a ser un Ministro de Carranza), no se regenerará espiritualmente pero tendrá la suerte económica y social de ser aceptado por el nuevo régimen, por la revolución en marcha. Esta última es una reflexión irónicamente dolorosa pero verídica desde el punto de vista de Azuela y también desde el punto de vista de la realidad histórica. Azuela ya lo había señalado en *Las moscas*, presentando a un general del "nuevo" régimen con un pasado nefasto (porfiriano y huertista), pero en *Las tribulaciones de una familia decente* reedita esa observación y la amplía. De modo que esas dos son las posibilidades de la antigua oligarquía: desaparecer con honra o pervivir en la infamia del presente.

El "discurso" intelectual de Azuela en esta novela es el de un francotirador, dentro de un discurso intelectual más amplio, el de la inteligentsia mexicana de la época. Como observa Arnaldo Córdova, con la institucionalización de la Revolución Mexicana y la Constitución de 1917 aparece en el país una nueva fuerza poderosa: el Estado como comendatario de la nación, como intermediario de las clases sociales. Esta aparición es de modo cierto la interrupción de una revolución popular porque habrá no sólo de admitir sino de defender la convivencia de las clases. Mediante el "uso contrainsurreccional de las reformas sociales" para evitar de ese modo la radicalización de las aspiraciones populares, el Estado tiene la función de hacer "convivir en un sistema de conciliación de intereses" a la burguesía y a los sectores trabajadores.[5] De este modo, la burguesía aparece reincorporada a la Revolución,[6] respaldada por un Estado conciliador, y por una inteligentsia cada vez más amplia: "Lo que ellos [los intelectuales] producen son ideologías para otras clases, las clases fundamentales de la sociedad: la burguesía y el proletariado, y habría que decir que más para la burguesía que para el proletariado. En tales condiciones, no hay nada de extraño en el hecho de que la revolución mexicana haya sido una *revolución burguesa* dirigida política y militarmente por elementos venidos de los sectores medios de la sociedad a la que estos propios sectores dieron, además, su ideología como clase global y no para éste o aquel sector o fracción de la clase".[7] De otro modo lo dice también Cockroft, al señalar que la actitud de la burguesía mexicana no consistió nunca en "echar abajo a una aristocracia mítica", sino "en atraerse a los grandes núcleos de revolucionarios de las clases bajas, los cuales amenazaban con cambiar el curso de la Revolución totalmente contra ellos. Lo que estaba comprometido no era la supervivencia de un no existente orden feudal, sino la estabilidad y la continuidad si no es que el fortalecimiento de un orden burgués, aunque estuvieran divididos la burguesía y los obreros y campesinos".8

Ni echar abajo el orden feudal —ya destruido—, ni exceptuar de la revolución triunfante a las masas populares. El proyecto burgués era más hábil, pues necesitaba la fuerza de trabajo y el dominio sobre ella. De manera que el sector liberal, ideológicamente correspondiente a la burguesía que asomaba en el tapete del país (y cuya "nueva" existencia ya había reconocido el propio Porfirio Díaz en la entrevista de Creelman como un espaldarazo a su nacimiento) defendió una política de convivencia de clases bajo la tutoría (nada neutral, por supuesto) del Estado. Dentro de la estrategia de poderes que supone esta situación, el discurso intelectual que es la literatura coadyuvó al proyecto de clase al poner un énfasis en la barbarie de los caudillos revolucionarios y en la guerra fratricida que debía terminar lo antes posible. Hasta cierto punto y no más allá, Azuela se suma a esta empresa tácita, pese a que en *Las tribulaciones de una familia decente* todavía no supera la pasión política, dirigida ahora hacia el carrancismo en concreto. (En "El novelista y su ambiente" subrayaría el hecho de que esta novela *cierra* el ciclo revolucionario y que desde entonces en adelante su obra dejará de lado la "pasión" política, "por cuanto me sentí totalmente curado de mi resentimiento personal y de la hiperestesia en que me dejó aquel desastre", III:1099). Y se suma porque elabora las antedichas "salidas" propuestas como mensaje ideológico a una clase en derrota. Salidas que lejos de suponer la participación cívica, la politización, el sentimiento de comunidad, van hacia la idea del enconchamiento en sí mismo, en el pequeño mundo personal del individuo.

A Azuela le importaba la nueva situación social del país en el difícil tránsito a la reconstrucción, y por eso toma a sus protagonistas de los importantes sectores dominantes, o que habían sido hasta entonces dominantes. Pero, ¿qué sucedía en tanto con "los de abajo"? ¿Cuál era el testimonio de sus textos, una vez desprendidos de la visión amarga de *Los de abajo*, visión que acaso se justificara momentáneamente por el juego de las pasiones políticas y por las decepciones del ideal democrático sufridas en la experiencia propia? Para Leal, "en *Las tribulaciones* Azuela no critica, como podría pensarse, la Revolución, sino el hecho de que el gobierno revolucionario haya caído en manos de bandidos como Pascual, marido de Berta, y el general Covarrubias, 'hijo de familia decente, rico fronterizo, revolucionario por defender sus intereses' ",9 mientras Rama va más allá, a interpretar esta actitud en el trasfondo social: "Es en *Las tribulaciones de una familia decente* donde se encuentra el enjuiciamiento de los sectores bajos de la sociedad que el novelista hace en su estilo crítico y beligerante". Esta actitud "se origina en el fracaso de la clase media, [que] se acrecentará antè el repentino y desordenado ascenso al poder de la clase baja". Aunque, como se sabe, ese ascenso fue real pero relativo, da pauta del sentido social que tiene el discurso intelectual de Azuela. Para Rama, éste proviene de un "desclasamiento": a la derrota Azuela "le debe su aislamiento y su actitud de francotirador, desde la cual contempla la realidad, por cuanto queda marginado del grupo social en que por origen y concepciones buscaba integrarse y no encuentra ningún otro para adherir o, acaso ya no podía, en el filo de sus cuarenta años, resolver otra integración".10 Esta observación probablemente "explique" el desfasaje social de Azuela, no sólo al momento del triunfo de la facción carrancista sino desde antes, desde que, una vez destruido el sueño maderista, se uniera conflictivamente a la acción de Villa. En este sentido, las vicisitudes de su obra literaria narran, en otro plano que en el de los hechos, las vicisitudes de su ideología. De la crítica a un orden vivencial injusto pasó a la crítica de la situación social, de ésta a enjuiciar desde su interior el turbión político de la Revolución, terminando por la soledad y la falta de verdaderas propuestas sociales que evidencia la "última" de sus novelas revolucionarias. Al fin de este ciclo, como el propio novelista señaló, pudo despojarse de la pasión que enturbia la perspectiva, pero esa pasión era precisamente la que había dejado aflorar en las páginas la búsqueda dramática de un sentido para su entrañable país desorientado.

CONCLUSIONES

Un ensayo no debe ni puede agotarse en sus conclusiones. ya que éstas son apenas una síntesis de aspectos importantes que el ejercicio crítico haya podido observar, analizar y exponer también sucintamente. Por otra parte, el gran peligro que corre un estudio de las relaciones entre ideología y literatura es el de pretender concluir en unas escuetas fórmulas, considerando que un panorama tan complejo pueda encerrarse en algunas frases. De modo que lo que aquí presento como conclusiones es la consideración abreviada de algunas revisiones hechas en los capítulos precedentes, a tener en cuenta en un estudio global de la literatura de Azuela así como de la narrativa mexicana.

Es claro que un escritor vive inserto en su tiempo y responde, aun con la omisión, a él. Azuela no se planteó nunca omisiones, sino la participación directa y personal en el juego político de su época, y la obra literaria fue parte de esa actitud. Habrá quienes observen y lean su obra como una crónica —de reconocidos valores literarios, pero ante todo una crónica— que revele, tanto o más que los documentos, el espíritu de su época, los sucesos mismos, y la reacción de un sector social o intelectual ante esos sucesos. En tal sentido, la lectura de las novelas y cuentos de Azuela será histórica antes que literaria; lo que se buscará en ella será el testimonio que ilumine lo que el pasado de otra manera no podría mostrar. Para Stendhal la novela era un espejo que se paseaba a lo largo del camino, reflejando así la realidad.

Pero otra actitud de la crítica, acaso más interesante, habrá de ser el estudio de la obra como una máquina de expresión ideológica, aquel espacio en que se intersectan dinámicamente las concepciones de un escritor individual y de su comunidad. Los valores, las ideas, las concepciones de la vida no son aporías que se desgajen y desprendidas del tiempo y del espacio vivan por sí mismas. Esas ideas, esos valores, se convierten en actitudes porque están en continuo movimiento: la realidad las hace actuar. Más cuando, como en el caso de Azuela, uno de los principales acontecimientos de la vida del país (la revolución de

1910) pone en violento funcionamiento todo lo que existe: amenaza cambiar las estructuras sociales, crea ciclones en la vida política, empuja a los hombres a las escaramuzas —triunfos y derrotas— militares, hunde y reflota la economía, y las costumbres, los hábitos culturales, los valores morales, cívicos y religiosos, en fin, todo entra en el vórtice del movimiento y del cambio.

Y ahí está la palabra fundamental: cambio. Porque no hay duda de que muchas cosas cambiaron en México merced a los años de la Revolución, y ante ese cambio ningún hombre, novelista o no, estuvo al margen. La obra de Azuela es expresión de las fuerzas de cambio y resistencia en la ideología de un escritor, como si éste *leyera* en la realidad y nos diera su propia versión, su propia lectura, de esas tensiones.

Tomada como una totalidad que pasa por ciclos, que tiene modulaciones, que sufre algunos cambios de diversa índole, la narrativa de Azuela evoluciona. Una lectura de esa totalidad lo permite comprobar con claridad suficiente. Así, por ejemplo, en términos estéticos, surge dentro de los cánones del naturalismo francés pero va cambiando hacia formas del realismo despojado, alcanzando su perfección mayor en *Los de abajo*. En términos de valores ideológicos y de concepción del mundo, el ciclo de sus novelas que va de *María Luisa* a *Las tribulaciones de una familia decente*, permite advertir también la persistencia de lo ideológico y la lucha del escritor por comprender la realidad y despojarse de sus lastres. Los marcos de la posible evolución ideológica los establecen diversos aspectos mencionados y analizados antes: la ideología liberal (por oposición a la clerical) de la que surge, su propia concepción de la literatura, y tan importante como esto, los hechos políticos que cambiaron su apacible vida de ciudadano o de médico de pueblo con aspiraciones de crítico social, en la de un novelista de poderosa fuerza expresiva, que se hundió en el piélago odiado de la realidad vivida y emergió de ella con algunas de las obras más hermosas y terribles de la literatura mexicana.

Buena parte del impulso creativo de Azuela hay que atribuirlo a su desprecio, odio, a la burguesía, así como a la inconformidad constante frente a la realidad del país. Aunque el mismo Azuela la haya marcado para un solo periodo de su obra, podría decirse que él siempre fue un escritor "parcial y apasionado", no empece que su visión y su aptitud de análisis hubieran errado en diversas oportunidades. Así, por ejemplo, puede reprochársele una visión intemporal de esa misma burguesía, cuyas conductas atribuía a caracteres eternos: la codicia, la maldad, etc. O que esa visión ideológica le hubiese impedido, cuando llegó el turbión revolucionario, analizar el funcionamiento real, no aparencial, de los sectores sociales en litigio. Una correción valdría hacer aquí: y es que en algunas novelas (como *Los caci-*

ques o Las moscas, parcialmente en *Sin amor*, y en *Los de abajo*) sí supo advertir, como en relámpagos, ese funcionamiento. Sólo que no supo o no pudo estructurar esas observaciones en una lectura coherente y continua de lo real.

Los "males" de México y de su Revolución, tal como los denunció Azuela, son irrebatibles. No puede negarse la violencia de "los de abajo", ni la voracidad de los nuevos caciques políticos, ni la astucia con que la burguesía fue apoderándose nuevamente del país, de sus medios de producción y de dominio de clase, cuando en verdad el latifundio neofeudal había desaparecido ya como institución económica y social. Azuela supo ver también los "episodios" nefastos de la Revolución traicionada, como la subsistencia de los antiguos funcionarios y militares trasmutados en "revolucionarios" de última hora. El problema esencial es que con todas esas observaciones aisladas no se dio una interpretación global completa, cabal, de lo que sucedía en México. A esa debilidad ha de atribuirse la debilidad concomitante de las salidas (individualistas, egoístas, limitadas) que su narrativa acabó por plantear.

Azuela partió de una inconformidad con la realidad de su entorno. De ahí la "crítica" (aun ni siquiera orientada hacia lo social) que se siente en *María Luisa* como un grito existencial. Lo curioso es que las ricas experiencias personales que tuvo durante la década y media que siguió tampoco terminaron conformándolo con la realidad: el cambio es que su espíritu crítico maduró y encontró objetivos sociales y políticos. El clima borrascoso —al que se sumaba la derrota de sus propios ideales— hacia el fin del periodo armado de la Revolución, no parecía dejar otras salidas que las del repliegue en la individualidad y el reforzamiento de algunos valores como la decencia, el trabajo, el sufrimiento. La única significación positiva que se encuentra hacia los años 20 es la que a través de su personaje Procopio nos deja Azuela en *Las tribulaciones de una familia decente*, como lo vimos en su oportunidad. Y hay que insistir en que esa "salida" es la que señala Voltaire al final de su *Cándido*: cultivar el propio jardín.

Para que una obra literaria pueda ser considerada excelente no es necesario, sin embargo, que deba ser impecable desde un punto de vista político o que genere una "positividad" a ultranza. En caso contrario, no podríamos afirmar, como parece también incontrovertible, que *Los de abajo* es una obra maestra, tal vez la mejor que produjo la literatura mexicana en la primera mitad del siglo XX. Dentro de sus propios cánones realistas, alcanza tal depuración de lenguaje, está tan ágil y vívidamente narrada, han sido tan bien expresadas las contradicciones de la época y de sus personajes singulares, que esos únicos aspectos bastarían para destacarla de cualquier conjunto de obras literarias. Porque su "positividad" radica en la negatividad de su vi-

101

sión; en última instancia no importa demasiado que en ella el autor no haya sabido comprender las aspiraciones populares o bien el hecho de que esas aspiraciones no pudieran articularse como expresión en la conducta de un pueblo ancestralmente explotado y despojado al límite de su pobreza, ya que de todos modos cumple una función que toda lectura reactualiza: dejarnos ver, al mismo tiempo que la *realidad* de la época, la problemática de los conflictos encarnada en la obra misma. Porque ella, en definitiva, no se desprende de su época ni es intemporal ni fiel como el famoso espejo de Stendhal. Pertenece a la época y es en rigor lo que de la época nos queda con vida; no muerto como el pasado, sino palpitante como una criatura, o como una herencia que debemos asumir para entender nuestro propio presente.

ANEXO

A partir de 1915, con la batalla de Celaya, las fuerzas de Francisco Villa comenzaron a morder el polvo de la derrota. La burguesía representada por Carranza y su brazo armado, Obregón, fue decididamente desde entonces la ganadora de una guerra demasiado larga que había comenzado en 1910. También en 1915, entre el 27 de octubre y el 21 de noviembre, Mariano Azuela publicaba en 23 folletines una novela llamada a ser un hito fundamental en la historia de nuestra literatura: *Los de abajo*. La decepción de Azuela ante la Revolución, lo que él llamó "mis resentimientos de derrotado", están en la novela, no sólo reflejados en uno de los personajes (Solís) sino en el hilo anecdótico del libro, en el periplo que siguen las tropas de Demetrio Macías, al comienzo en rebeldía, en derrota y frustración al final. Curiosamente, *Los de abajo*, novela que separa las aguas en la historia de la narrativa mexicana, novela que se instala con comodidad entre las mejores que ha dado el continente (no sólo el país), tuvo su primera edición fuera de México, y la impresión original quedó extraviada durante seis décadas y media. *Los de abajo* es una presencia fundamental en la literatura mexicana, aun cuando en el país no haya generado una verdadera crítica en torno. De todos modos, desde el desconocimiento inicial hasta el reconocimiento actual, siempre se ha hablado de *Los de abajo* como de una sola versión, como de la misma obra original, que recibió unos pocos y lógicos retoques según declaraciones del propio autor. Pero la imposibilidad de acceder a la primera versión de *El Paso del Norte* (ni en Estados Unidos ni en México se encontraba alguna colección del diario), no permitía contestar estas preguntas: ¿era exactamente la misma obra la publicada en 1915 y la que apareció diez años después? ¿Hasta qué punto la revisión del autor la había modificado?

La necesidad y el interés de contestar a esta inquietud movió a muchos investigadores hacia la búsqueda de la edición perdida, y durante varias décadas la pesquisa fue frustránea y decepcionante, hasta que en 1979 Stanley Robe, profesor norteamericano de la Universidad de California, publicó la versión original y un libro que la estudia: *Azuela and the Mexican Underdogs* (Berkeley, University of California Press, 1979, 234 pp.).

Robe señala con cierto dejo de censura el desinterés mostrado por los investigadores mexicanos en esta búsqueda. "Curiosamente, la búsqueda de las ediciones perdidas parece haber sido si no exclusiva, al menos una preocupación mayor de los investigadores norteamericanos. En los primeros años en que se prestó atención a Azuela, se sentía la necesidad de una visión más amplia de Azuela como escritor que pudiera obtenerse por un conocimiento profundo con las obras y la manera en que evolucionaron... En todos los ejemplares de crítica escrita concerniente a *Los de abajo* y en el relato de la búsqueda de las ediciones tempranas, no ha habido ninguna indicación documentada de que los mexicanos se hubieran comprometido en la pesquisa" (pp. 75-76). Y Robe tiene razón en los hechos: en la década del treinta John Englekirk encontró algunos ejemplares de la primera edición (la llamada Gamiochipi, 1976) en la librería "La ideal" de El Paso y ahora gracias al interés de Robe, se da a conocer la primera versión, el folletín, cuyos ejemplares se custodian justamente en México (Fondo Basave de la Biblioteca de México) aunque de la colección aún faltan los folletines 14 y 15, que dentro de algunos años alguien encontrará, accidentalmente o no, en otra antigua biblioteca.

El libro de Robe importa entonces por la reproducción del folletín *Los de abajo*, pero no sólo por eso. Especializado en Azuela desde hace más de treinta años, Robe logra en su introducción un verdadero y asombroso detallismo. Se ha propuesto seguir el itinerario personal de Azuela, en un ejercicio de biografía histórica y literaria, y lo hace a conciencia. Ha entrevistado a los últimos testigos y participantes de la Revolución en las zonas de Lagos, Irapuato y Guadalajara; ha consultado los registros históricos sobre el movimiento de las tropas de Julián Medina (junto a las cuales Azuela participó desde los últimos días de octubre, 1914, como teniente coronel encargado del servicio médico); y ha reconstruido la vida de Azuela desde que la Revolución de 1910 comienza y sus ecos empiezan a llegar a Lagos de Moreno, hasta la publicación de *Los de abajo* en 1915, cuando después de recoger a su familia en Guadalajara, Azuela se instala definitivamente en la capital del país. La recreación que hace Robe del medio ambiente, de los movimientos militares, de los personajes fundamentales en torno a Azuela, auxilia objetivamente a fijar en términos de tiempo y espacio el contexto socio-político del escritor: su maderismo inicial, la militancia junto a Medina (por necesidad de conocer de primera mano los sucesos de la revolución, ante todo), pero el despliegue de erudición y la claridad del desarrollo biográfico son fríos como los datos mismos. Muy probablemente Robe ha querido establecer hechos pero no interpretarlos, no buscarles una significación. De ahí que aún sea motivo de investigación y de probable controversia, determinar dónde estaba situado ideológicamente Azuela, hasta qué punto su novela (visión decepcionada de la revolución) refleja la época y no sólo un aspecto parcial de la misma. Para un trabajo de tal índole los hechos sólo pueden ser auxiliares, del mismo modo que las otras novelas, cuentos, cartas y todo documento que registre, aluda o señale siquiera lejanamente cuál era la formación ideológica del autor y cuál la experiencia política que determinó la imagen de la revolución expresada en *Los de abajo*. Alguna vez Azuela recordó de manera defensiva (y con el arma más elusiva de la defensa: la ironía) la acusación de "no haber entendido la revolución; vi los árboles pero no vi el bosque", y lo cierto es que en *Los de abajo* la violencia popular es condenada por la novela sin "comprensión" de sus motivos sociales. Novela igualmente elogiada por la extrema izquierda que por la extrema derecha (como nos recuerda Azuela en su conferencia sobre *Los de abajo*, en "El novelista y su ambiente"), continúa siendo un clavo ardiente en la conciencia y en las manos de la crítica literaria. A solucionar ese problema, o siquiera entenderlo a cabalidad, el libro de Robe apenas ayuda. Como dijo antes, su propósito es netamente académico: el de un investigador serio que se propone antes que otra cosa, la determinación de los hechos y su relato lo más ajustado y detallado posible.

Los puntos sobre los que Robe pone el énfasis son sin duda de interés si desea situar a *Los de abajo* en relación con su contexto. De ahí que, si bien no sean novedad, de todos modos algunas observaciones constituyan precisiones contra el conocimiento vulgar de la crítica que se ha ocupado de Azuela. Así, por ejemplo, el propio novelista había señalado que el modelo real para Demetrio Macías fue en un primer momento Julián Medina pero luego lo completó y enriqueció sustituyendo a Medina por el coronel Manuel Caloca. Robe toma esa información pero la amplía al detalle para describir, así, cómo vivió Azuela junto con Caloca una experiencia casi idéntica a la que narra *Los de abajo* en los primeros capítulos. Como Demetrio, Caloca había sido herido en acción, debiendo ser trasladado por sus hombres en camilla, con el peligro de que las fuerzas huertistas los descubrieran. Robe lleva la erudición al punto de reconstruir fiel y verosímilmente los pasos de Caloca desde San Pedro Tlaquepaque hasta Aguascalientes donde finalmente Azuela pudo operarlo (aunque nunca dijo el autor cuál había sido la herida ni en qué había consistido la intervención quirúrgica). De esta suerte, la reconstrucción de Robe sirve a dos propósitos; recordar los diversos modelos de Macías, indicando implícitamente que *Los de abajo* se trata de una ficción y no de una crónica; pero observar también cómo Azuela hace uso de los hechos más inmediatos y cercanos para trasladarlos a su ficción. Otro ejemplo, por pequeño que sea, lo constituye el viaje en tren de Guadalajara a Irapuato. Esta retirada de las fuerzas villistas ante el avance de Obregón fue vivida por Azuela en abril de 1915: para Robe ese episodio motiva una escena similar en *Los de abajo* (el viaje de los revolucionarios a Aguascalientes, donde se desarrollaba la Convención de octubre 1914), pero también "está descrita más vívidamente en otra de las obras de Azuela": *Las moscas* (p. 36), donde los motivos de viaje-retirada son los mismos: la derrota de las fuerzas villistas ante el empuje del carrancismo triunfante después de Celaya, León y Silao.

Sin embargo, y aunque sea interesante comparar siquiera por un momento las semejanzas entre la realidad y la ficción, advirtiendo de ese modo cuál es la técnica del narrador en su apropiación de lo real inmediato, de lo real histórico, de lo real social, hay otro tipo de comparaciones que Robe acomete con mayor fortuna y que justifican verdaderamente su estudio. Son las comparaciones entre la versión definitiva de *Los de abajo* (edición Razaster, 1920) y la versión ahora hallada del folletín. En verdad, aparte de innumerables detalles minúsculos introducidos como correcciones de redacción y estilo cuando Azuela publicó su novela cinco años después, hay algunos de mayor cuerpo, importancia y significación (modificaciones que ya podían conocerse haciendo el cotejo con los ejemplares rescatados por Englekirk, pero que aún no autorizaban a identificar absolutamente con el folletín).

Una tiene que ver con Valderrama, el personaje que aparece abruptamente en la Tercera Parte, y desaparece también casi tan misteriosamente como apareció. Valderrama no existe en la versión original de *Los de abajo*, y su introducción posterior tiene que ver entre otros motivos, con el deseo de registrar la presencia de un gran amigo de Azuela, José Becerra, como el propio autor lo señaló. Becerra fue el modelo para Valderrama, (como lo había sido para Résendez en *Los fracasados*, para Toño Reyes en *Andrés Pérez, maderista*, para Rodríguez en *Los caciques*): Azuela crea en Valderrama a un personaje ciertamente excéntrico, poeta que odia la sangre, la pelea de gallos, la violencia, pero que sabe también arrancar con una canción las lágrimas de Demetrio Macías. Es un personaje visto con humor y simpatía: es quien defiende a los hombres y mujeres humildes que se esconden al paso de los hombres de Macías, explicando la actitud de esos "pacíficos" por los años de saqueo, de sufrimientos sin recompensas, de dolor. Pese a la brevísima aparición al final de *Los de abajo*, Valderrama tiene la función de despertar en Macías una comprensión —por amarga y derrotada que sea— de que más allá de las muertes violentas en el campo de batalla, continúa la vida cotidiana para "los de abajo" y la revolución ha pasado para ellos sin ningún beneficio.

Tanto o quizás más importante que esta diferencia entre

el primer texto y el definitivo, es otra, concerniente a Luis Cervantes. En efecto, la versión definitiva de *Los de abajo* amplía considerablemente la presencia de Cervantes, añadiendo por ejemplo todo el capítulo VI. Robe señala acaso con toda razón, que Azuela sintió necesario abundar en este personaje para dejar inequívocamente retratado su oportunismo. Precisamente *Los de abajo* (como *Las moscas* u otras obras de Azuela en la misma época) quiere señalar la aparición de esta clase (originada en la pequeña burguesía) como la más beneficiada a través del robo, del saqueo o de la conquista de una situación política, por sobre la sangre, el sufrimiento y la muerte del pueblo. Cervantes personifica a ese arribista intelectual (profesional del periodismo y de la medicina) que el propio Azuela despreció señaladamente en otras obras. La perspectiva de *Los de abajo* gana en dimensión política y narrativa con la inclusión de ese nuevo capítulo: allí la novela informa sobre los antecedentes de Cervantes y una conducta cobarde en que después el personaje reincide como para probar la verdad del diagnóstico.

Sin embargo, mucho más interesante que las diferencias anteriores es otra que atañe a Francisco Villa. En el texto definitivo, Villa aparece con un halo expreso de leyenda, es un "Robin Hood", hombre bondadoso a la vez que duro y cruel, y ante todo, estratega imprescindible para comenzar una batalla (lo que sucede con la espera de los revolucionarios en el capítulo XIV, antes de la toma de Zacatecas). Si observamos el mismo pasaje en la edición original, se advertirá que allí Villa está visto con rasgos inusualmente negativos. Los folletines, después de señalarlo como el "bandido-providencia: robando a los ricos para hacer dichosos a los pobres", dice:

> "Ah ¡pero guay del que lo engañe! Así como es de bondadoso con el que accede a sus órdenes, es de terrible con el que no las acata. A un rico comerciante se le encontró sobre las alfombras de su recámara con la cabeza arrancada del tronco; a un vaquero, con los intestinos desparramados por el pavimento de su despacho; a un hacendado, en un potrero, picoteado por las auras, con las plantas desolladas y arenas y pedruzcos enterrados en las carnes. El Proteo que de lo sublime pasa bruscamente a lo bestial. El gran Hombre de la turbamulta" (p. 144).

Robe se refiere con cierta extensión (pp. 112-3) a la elisión de este texto en el definitivo de *Los de abajo*, pero no aventura ninguna hipótesis sobre los motivos que pudo haber tenido Azuela para hacerla. Motivos que, de acuerdo con los años de su reescritura, pueden tener que ver con el apaciguamiento del propio Villa (en 1920 acepta la tregua con el gobierno de De la Huerta), o con una nueva perspectiva (cinco años después, la leyenda de Villa, ya se trate de su extrema bondad como de su crueldad sin límites, probablemente habían disminuido para encontrarle un perfil más humano). Lo cierto es que hay esa diferencia entre la primera versión y la que conocíamos y que constituye un buen motivo de discusión crítica.

La búsqueda de Azuela, así como sus exhumaciones, no parece haber llegado al fin pese al gran paso dado por Robe en ese sentido. Por un lado, aún no se han descubierto dos entregas del folletín original, y tampoco nadie parece haber tenido en sus manos las dos presuntas ediciones aparecidas en Tampico en 1917, anteriores por lo tanto a la Razaster y probablemente similares al folletín y a la edición Gamiochipi. El libro de Robe señala esas nuevas rutas de búsqueda, aunque también supone, compartiblemente, que nuevos hallazgos no compensarán el esfuerzo de la búsqueda. Lo único a lamentar de esta edición —espléndidamente editada en un volumen empastado y con ilustraciones— es que no haya aparecido siquiera simultáneamente en español y en México. La fuerza de las circunstancias hizo que en 1915 Azuela tuviera que editar *Los de abajo* fuera de México, pero nada podría impedir hoy sus resurrecciones en la propia patria. De otra manera continuará inaccesible para muchos lectores que consideran su novela, si no la mejor, una de las más importantes de la cultura americana.

NOTAS

CAPITULO I

1 Así lo toma, como a muchos otros escritores John Rutherford (*La sociedad mexicana durante la Revolución*, México, Ediciones El Caballito, 1978) al estudiar los diversos estratos sociales e instituciones —los intelectuales, los caudillos, las masas combatientes y los líderes intermedios, los extranjeros, la iglesia, el ejército las clases medias bajas, etc.— tal como fueron reflejados por nuestros novelistas, más que por los historiadores, los propios documentos de la Revolución o los cronistas. Este enfoque es interesante (refleja *cómo* veían los escritores a la revolución), pero peligrosa si se admite la verosimilitud novelística como documento de la verdad histórica.

2 Claude Prévost: *Littérature, politique, ideologie*. Paris, Editions Sociales, 1973, p. 218. Lo dice a raíz de los trabajos de Lenin sobre Tolstoi, donde se encuentra no una ideología única sino un entramado de ideologías.

3 Id., *ibid*. p. 211.

4 Id., *ibid*. p. 212.

5 Id., *ibid*. p. 213.

6 Luis Villoro: "El concepto de ideología en Marx y en Engels". En Mario H. Otero (comp.): *Ideología y ciencias sociales*. México, UNAM, 1979, p. 20.

7 Id., *ibid*. p. 22.

8 Michael Löwy: *Para una sociología de los intelectuales revolucionarios*. México, Siglo XXI, 1978. pp. 21-22. Para Löwy, "los intelectuales no son una clase sino una *categoría social;* no se definen por su lugar en el proceso de producción sino por su relación con instancias extraeconómicas de la estructura social; igual que las burócratas y las militares se definen por su relación con lo político, así los intelectuales se sitúan por su relación con la superestructura ideológica" (p. 17). De más está decir que esta colocación extraclase de los intelectuales, que hace Löwy, es discutible aunque tenga sus visos de razón. La mayor o menor dependencia al origen y situación de clase ha de depender del momento histórico y de los rasgos de la comunidad social. En nuestro país y durante la Revolución, los intelectuales se mostraron muy próximos a la burguesía.

9 Angel Rama: "El perspectivismo social en la narrativa de Mariano Azuela", *Revista Iberoamericana de Literatura*, 2a. época, Año I. No. 1. Montevideo, 1966, p. 69.

CAPITULO II

1 El mejor recuento biográfico es hasta hoy el de Luis Leal en sus dos libros: *Mariano Azuela. Vida y obra*. México, Ediciones de Andrea, 1961, 182 pp.; *Mariano Azuela*. Buenos Aires, CEDAL, 1967, 56 pp., así como la valoración de conjunto más solvente es la de Adalbert Dessau en su libro *La novela de la Revolución Mexicana*. México, F.C.E., 1972, 447 pp.

2 Salvo indicación diferente, todas las citas de textos de Azuela son tomadas de

Obras completas. México, F.C.E., 1976 (1a. reim.), 3 tomos. Las referencias de tomo y página van entre paréntesis en el texto mismo.

3 La importancia del "ambiente" pervive en las ideas de Azuela sobre la novela aun en la década del 50, y proviene de Zola, quien en *Fortune des Rougen* afirmaba: "Los *milieux*, adecuadamente expuestos, ambientes de lugar y de sociedad, determinan la clase de los personajes (obrero, artista, burgués)", cit. por Harry Levin, *El realismo francés.* Barcelona, Laia, 1974, p. 415.

4 Roland Barthes. *Mitologías.* México, Siglo XXI, 1980. "Practicadas en el marco de la nación, las normas burguesas son vividas como las leyes evidentes de un orden natural: cuanto más la clase burguesa propaga sus representaciones, más se naturalizan" (p. 235). "El mito tiene a su cargo fundamentar, como naturaleza, lo que es intención histórica; como eternidad, lo que es contingencia. Este mecanismo es, justamente, la forma de acción específica de la ideología burguesa" (p. 238).

5 Lily Litvak (*Erotismo fin de siglo.* Barcelona, Antonio Bosch editor, 1979) recuerda cómo en la sociedad europea de fin de siglo XIX "la virginidad quedaba como valor supremo, y si una niña no era todo lo angelical que debía, le esperaba la tumba, como a la 'Florecita' de Juan Ramón Jiménez, o a la Rosario de Valle Inclán" (p. 140).

6 No podía ser de otro modo, si el "concepto de la mujer era entendido sólo como esposa y madre" (Litvak, *op. cit.*, p. 188), es decir con una sexualidad férreamente orientada dentro de un canon moral riguroso y con una función intrafamiliar.

CAPITULO III

1 En: Mariano Azuela, *Epistolario y archivo.* México, UNAM, 1969, p. 97.

2 En: Francisco Monterde, *Mariano Azuela y la crítica literaria.* México, SepSetentas, 1973, p. 34.

3 Stanley R. Ross, *Francisco I. Madero.* México, Grijalbo, 1977 (2a. ed. actualizada), p. 33.

4 Id., *Ibid.*, p. 34.

5 Arnaldo Córdova, *La ideología de la Revolución Mexicana.* México, ERA/UNAM, 1974 (3a. ed.), p. 87.

6 Id., *Ibid.*, p. 91.

7 Luis González: "El liberalismo triunfante", en Varios, *Historia General de México*, Tomo III, México, El Colegio de México, 1977 (2a. ed.), p. 182.

8 Id. *Ibid.*, p. 243.

CAPITULO IV

1 F. Ibarra de Anda: "Sin amor", en *Todo*, 12 de febrero de 1945, recogido en *Mariano Azuela y la crítica literaria, op. cit.*, p. 53.

2 Jean Meyer: *La revolución mejicana.* Barcelona, Dopesa, 1973, pp. 18-19.

3 Id., *Ibid.*, p. 21.

4 Friedrich Katz: *La servidumbre agraria en México en la época porfiriana.* México, ERA, 1980. (1976: SepSetentas).

5 Este cuento exhibe las diferencias sociales entre un niño privilegiado desde e momento en que tiene asegurada su amamantación "comprada", de una sirvienta y el hijo de la misma, que muere sin alimento. Cuando regresa a la casa del niño "bien", pasa por la mente de la madre sufriente estrangularlo (¿como venganza so cial, como venganza personal?) pero se antepone el sentimiento *maternal*. Cuento melodramático y "naturalista", muestra la supremacía burguesa pero no analiza su raíces y motivos.

6 John Rutherford: *La sociedad mexicana durante la Revolución.* México, Ediciones "El Caballito", 1978, 366 pp.

7 Id., *Ibid.*, pp. 318-9.

8 Luis González: "El liberalismo triunfante", En: Varios: *Historia general d México*, Tomo 3. México, El Colegio de México, 1976. p. 206.

9 Meyer, *op. cit.*, p. 16.

10 Rutherford, *op. cit.*, pp. 310-311.

11 J.M. González de Mendoza: "Prólogo a *Mala yerba*", En: *Mariano Azuela y la crítica mexicana*, ed. cit., p. 43.

12 Adalbert Dessau: *La novela de la Revolución Mexicana*. México, Fondo de Cultura Económica, 1972, p. 183.

13 Luis Leal: *Mariano Azuela*. Buenos Aires, CEDAL, 1967, p. 16.

CAPITULO V

1 Jesús Silva Herzog: *Breve historia de la Revolución Mexicana*. México, F.C.E., 1973 (7a. reimpresión), Tomo I, p. 153.

2 Es capital el distingo que hace Monsiváis (*A ustedes les consta. Antología de la crónica en México*, México, ERA, 1980), refiriéndose a la prensa en la época revolucionaria, en cuanto a que ésta es el *lugar* en que se forma y establece la opinión, la información, la verdad, lugar que más tarde va a compartir o a sentir desplazado, ante la Universidad como centro que cumplirá esas funciones. A comienzos de siglo, "lo que no ocurre en la prensa casi no existe" (p. 50); para Monsiváis, también, la prensa en sentido moderno surge con *El Imparcial*, en 1896, junto con una actitud de "terco servilismo y oportunismo" respecto al poder político.

3 Adalbert Dessau, *op. cit.*, p. 198.

4 En el modo como Azuela muestra a los humildes pueblerinos "adueñados" del poder, o al menos de los sitios del poder (el palacio municipal, las oficinas del gobierno provincial, etc.), hay una tendencia a la ridiculización, como si en rigor esos lugares no les "correspondiesen". Una actitud muy similar se encuentra en Martín Luis Guzmán, *El Aguila y la serpiente*, en particular en el capítulo "Los zapatistas en Palacio". Para los intelectuales, definitivamente, los hombres de pueblo, a menudo ignorantes, ingenuos, tal como son caracterizados, no tenían capacidad para asumir formas altas de gobierno; al contrario, estaban "fuera de lugar".

CAPITULO VI

1 Cf. Enrique Krauze, "La Generación de 1915", en *Caudillos culturales en la Revolución Mexicana*. México, Siglo XXI, 1976, pp. 204-257.

2 Citado por Monsiváis, "Notas sobre la cultura mexicana en el siglo XX", en *Historia General de México*, México, El Colegio de México, 1976, Tomo 4, p. 334.

3 Id., *Ibid*. p. 334.

4 Id., *Ibid.*, p. 354.

5 Citado por Luis Mario Schneider. *Ruptura y continuidad*. México, Fondo de Cultura Económica, 1975, p. 162.

6 Francisco Monterde: "Existe una literatura mexicana viril", en *Mariano Azuela y la crítica mexicana*, ed. cit., p. 11.

7 Cf. Mariano Azuela, *Epistolario y archivo*, ed. cit., p. 265.

8 Id., *Ibid.*, p. 268.

9 Hubo aún otro artículo, a fines de 1924 (20 de noviembre), que afirmaba: "La revolución tiene un gran pintor: Diego Rivera. Un gran poeta: Maples Arce. Un futuro gran novelista: Mariano Azuela, cuando escriba la novela de la revolución". Cf. José Corral Raigán, "La influencia de la Revolución en nuestra literatura", cit. por Schneider, *op. cit.*, pp. 160-161.

10 *Mariano Azuela y la crítica, literaria*, ed. cit., p. 17.

11 Cf. Schneider, *op. cit.*, Cap. V, "El vanguardismo".

12 *Mariano Azuela y la crítica literaria*, ed. cit., pp. 23-24.

13 John E. Englekirk, "El descubrimiento de *Los de abajo*". México, Imp. Universitaria, 1935. Rep. en Rogelio Rodríguez Coronel (Comp.) *La novela de la Revolución Mexicana*. La Habana, Casa de las Américas, 1975, p. 199.

14 José Mancisidor, "Azuela, el novelista", *El Nacional*, 1949. Rep. *Mariano Azuela y la crítica literaria*, ed. cit., p. 25.

15 Dessau, *op. cit.*, p. 220.

16 Luis Leal, *Mariano Azuela. Vida y obra*, ed. cit., p. 49.

17 Seymour Menton: "La estructura épica de *Los de abajo*". *Hispania*, diciembre

de 1967. Rep. en *La Semana de Bellas Artes* No. 80. México. 13 de junio de 1979, p. 5.

18 Ricardo Latcham, "El realismo mexicano de Mariano Azuela", en *Carnet crítico*. Montevideo, Alfa, 1962, pp. 9-16.

19 "Homenaje a cuatro miembros fundadores fallecidos", *Memoria del Colegio Nacional*, II. No. 8, 1954. p. 163.

20 "Mi situación fue entonces la de Solís en mi novela", Azuela, OC, III:1081.

21 La otra definición es de índole corroborante ya que no pertenece a un intelectual sino al propio Demetrio Macías. Cuando en el penúltimo capítulo, su mujer le pregunta a Demetrio "¿Por qué pelean ya?", él arroja una piedrecita al fondo del cañón y le contesta: "Mira esa piedra cómo ya no se para..." (I:416).

22 Menton, art. cit., p. 5.

23 Id., *Ibid.*

24 La ausencia física del autor se traslada inequívocamente a la novela mediante un dispositivo estilístico: no la cuenta el narrador sino un testigo de la batalla. Solís.

25 Ejemplifico con uno: "De la toma de Zacatecas". En Vicente T. Mendoza, *El corrido mexicano*. México, Fondo de Cultura Económica. 1974 (1a. reimpr.) p. 50-52.

26 En: Federico Cervantes, *Felipe Angeles en la Revolución. Biografía* (1868-1919). México, s.e., 1964. 3a. ed.

27 Id., *Ibid.*

28 Id.,*Ibid.* p. 162.

29 Id., *Ibid.* p. 157.

30 Id., *Ibid.* p. 124.

31 Estos datos son recordados significativamente por Federico Cervantes para confrontarlos con la crueldad vesánica de los revolucionarios que remataban a sus víctimas y ejecutaban a cientos a diestra y siniestra. "Tengo muy presente que Angeles y los oficiales que lo seguíamos después de haber estado en Europa militando en las filas del Ejército Francés, teníamos como pocos revolucionarios honorables, un concepto técnico y brillante de la guerra; pero nuestro entusiasmo guerrero asumía un aspecto caballeresco que nos hacía repugnar toda violencia y toda ejecución después del acto sicológico del combate, de aquel en el que la tropa procura aniquilar al adversario, mientras más pronto mejor porque, por singular paradoja, la acción de armas violenta ahorra muchas vidas y sufrimientos" (p. 162). Esta pieza doctrinaria resulta contradictoria y dudosa como toda retórica bélica. pero es claro ejemplo de la "filosofía" militar desde el punto de vista de su profesionalismo.

32 Id., *Ibid.*, p. 125.

CAPITULO VII

1 Adalbert Dessau, *op. cit.*, p. 238.

2 Véase un ejemplo más contundente en el anexo de este libro. a propósito de la edición de Stanley L. Robe.

3 La palabra *decente* tiene al menos dos significados clasistas, como señala Rutherford: "Ya para finales del siglo XIX este adjetivo había sufrido un interesante cambio semántico, y tanto en España como en América Latina había llegado a significar no sólo 'bien portado' sino también 'aristocrático' (debido a la convicción sostenida por las clases gobernantes de que ellos son los únicos honrados y respetables). Muchos de los novelistas de la Revolución utilizan la palabra en su segundo significado, pero ninguno más que Azuela, quien explota las posibilidades irónicas de esta situación lingüística". *Op. cit.*, p. 285.

4 Gastón Lafarga, "Mariano Azuela, entrevisto en una novela". *Ruta*, No. 3, 15 de agosto de 1938, pp. 49-51. Para Lafarga, el cargo que Azuela le hace a Carranza es injusto ya que podría hacerse a cualquier otra facción: "los episodios del carrancismo, en donde suele hallarse el cohecho y la simulación, son semejantes a los episodios de las demás facciones de su tiempo". Luego sale en defensa de la política exterior de Carranza, asunto sobre el cual Azuela no comenta en

Las tribulaciones de una familia decente.
5 Arnaldo Córdova, "México. Revolución burguesa y política de masas", en H. Aguilar Camín y otros: *Interpretaciones de la Revolución mexicana.* México, UNAM/ Nueva Imagen, 1979, p. 75.
6 Id., *Ibid,* p. 72.
7 Id., *Ibid,* p. 84.
8 James D. Cockcroft, *Precursores intelectuales de la Revolución Mexicana.* México, Siglo XXI, 1976 (3a. ed.), p. 198.
9 Luis Leal, *Mariano Azuela. Vida y obra,* ed. cit., p. 52.
10 Angel Rama, art. cit., p. 93.

BIBLIOGRAFIA CITADA

1. Mariano AZUELA: *Obras completas*. México. Fondo de Cultura Económica, 1976 (1a. reimpresión), 3 tomos de 1134, 1132 y 1308 pp. respectivamente.
2. Mariano AZUELA: *Epistolario y archivo*. México, Universidad Nacional Autónoma de México, 1969, 324 pp.
3. Roland BARTHES: *Mitologías*. México, Siglo XXI, 1980, 258 pp.
4. Antonio CASTRO LEAL (prólogo y antología): *La novela de la Revolución Mexicana*. México, Aguilar, 1974 (1a. reimpresión), 2 tomos.
5. Federico CERVANTES: *Felipe Angeles en la Revolución. Biografía* (1868-1919). México, s.e., 1964, 3a. ed.
6. James D. COCKROFT: *Precursores intelectuales de la Revolución Mexicana*. México, Siglo XXI, 1976, 290 pp.
7. Arnaldo CORDOVA: *La ideología de la Revolución Mexicana*. México, ERA/UNAM, 1974, 2a. ed., 508 pp.
8. Arnaldo CORDOVA: "México. Revolución burguesa y política de masas", en Varios, *Interpretaciones de la Revolución Mexicana*. México, UNAM/Nueva Imagen, 1979, pp. 55-89.
9. Adalbert DESSAU: *La novela de la Revolución Mexicana*. México, Fondo de Cultura Económica, 1972, 447 pp.
10. John F. ENGLEKIRK: "El descubrimiento de *Los de abajo*", en Varios: *La novela de la Revolución Mexicana*. La Habana, Casa de las Américas, 1975, pp. 189-200. Cf. la Introducción y notas de Englekirk a la edición de Azuela, *Los de abajo*, New Jersey, Prentice-Hall, Inc.
11. Luis GONZALEZ: "El liberalismo triunfante", en Varios, *Historia General de México*, México, El Colegio de México, Tomo III, 1977, 2a. edición, pp. 163-281.
12. "HOMENAJE a cuatro miembros fundadores fallecidos", *Memoria del Colegio Nacional*, II, No. 8, 1954, pp. 149-182.
13. Friedrich KATZ: *La servidumbre agraria en México en la época porfiriana*. México, ERA, 1980 (hay edición anterior: Sep-Setentas, 1976), 116 pp.

14. Enrique KRAUZE: *Caudillos culturales en la Revolución Mexicana*. México, Siglo XXI, 1976, 330 pp.
15. Gastón LAFARGA: "Mariano Azuela, entrevisto en la novela", *Ruta*, No. 3, 15 de agosto de 1938, pp. 49-51.
16. Ricardo LATCHAM: "El realismo mexicano de Mariano Azuela", *Carnet crítico*. Montevideo, Alfa, 1962, pp. 9-16.
17. Luis LEAL: *Mariano Azuela. Vida y obra*. México, Ediciones de Andrea, 1961, 182 pp.
18. Luis LEAL: *Mariano Azuela*. Buenos Aires, Centro Editor de América Latina, 1967, 56 pp.
19. Harry LEVIN: *El realismo francés*. Barcelona, Laia, 1974, 610 pp.
20. Lily LITVAK: *Erotismo fin de siglo*. Barcelona, Antonio Bosch editor, 1979, 256 pp.
21. Michael LOWY: *Para una sociología de los intelectuales revolucionarios*. México, Siglo XXI, 1978.
22. Vicente F. MENDOZA: *El corrido mexicano*. México, Fondo de Cultura Económica, 1974, 1a. reimpresión, 468 pp.
23. Seymour MENTON: "La estructura épica de *Los de abajo*"..., en *Hispania*, diciembre de 1967, reproducido en *La Semana de Bellas Artes*, No. 80, México, 13 de junio de 1979, pp. 2-7.
24. Jean MEYER: *La Revolución Mexicana*. Barcelona, Dopesa, 1973, 286 pp.
25. Carlos MONSIVAIS: "Notas sobre la cultura mexicana en el siglo XX", en Varios, *Historia General de México*. México, El Colegio de México, 1976, tomo IV, pp. 303-476.
26. Carlos MONSIVAIS: *A ustedes les consta. Antología de la crónica en México*. México, ERA, 1980.
27. Francisco MONTERDE (compilador): *Mariano Azuela y la crítica literaria*. México, Sep-Setentas, 1973, 184 pp.
28. Claude PREVOST: *Littérature, politique, ideologie*. Paris, Editions Sociales, 1973, 278 pp.
29. Angel RAMA: "El perspectivismo social en la narrativa de Mariano Azuela", en *Revista Iberoamericana de Literatura*, 2a. época, año I, No. 1, Montevideo, 1966, pp. 63-94.
30. Stanley L. ROBE: *Azuela and the Mexican Underdogs*. Berkeley, University of California Press, 1979, 234 pp.
31. Stanley R. ROSS: *Francisco I. Madero*. México, Grijalbo, 1977, 2a. edición revisada, 408 pp.
32. Jorge RUFFINELLI: "Mariano Azuela redivivo", en *Sábado* (suplemento de *UnomásUno*) No. 123, 15 de marzo de 1980, pp. 2-3.
33. John RUTHERFORD: *La sociedad mexicana durante la Revolución*. México, Ediciones El Caballito, 1978, 366 pp.

34. Luis Mario SCHNEIDER: *Ruptura y continuidad.* México, Fondo de Cultura Económica, 1975, 202 pp.
35. Jesús SILVA HERZOG: *Breve historia de la Revolución Mexicana.* México, Fondo de Cultura Económica, 1973, 7a. reimpresión, 2 tomos de 382 y 356 pp. respectivamente.
36. Luis VILLORO: "El concepto de ideología en Marx y en Engels", en Mario H. Otero (compilador): *Ideología y ciencias sociales,* México, Universidad Nacional Autónoma de México, 1979, pp. 4-39.

INDICE

ESTEBAN INCIARTE, Adiós a Dios
JOAQUIN DE LA TORRE, Anticipación de un burgués a la muerte
CARLOS MENESES, Seis y seis
OSCAR HAHN, El cuento fantástico hispanoamericano en el s. XIX (Estudio y Textos)
JORGE RUFFINELLI, Crítica en marcha
RENATO PRADA OROPEZA, Larga hora: La vigilia
HENRI MICHAUX, El infinito turbulento (Experiencias con la mezcalina)
HERNAN LAVIN CERDA, Metafísica de la fábula
GILBERT TOULOUSE, Un verano en México
ANGEL FLORES, Orígenes del cuento hispanoamericano
RAUL DORRA, La pasión, los trabajos y las horas de Damián
TZVETAN TODOROV, Introducicón a la literatura fantástica
NOE JITRIK, El ojo de jade
DANIEL SADA, Lampa vida
IRIS M. ZAVALA, Kiliagonía
MARGO GLANTZ, No pronunciarás
BERNARDO RUIZ, La otra orilla
CARLOS MONTEMAYOR, Mal de piedra
HUMBERTO GUZMAN, Historia fingida de la disección de un cuerpo
MARIA JOSE DE CHOPITEA: Sola
ALINE PETTERSON: Casi en silencio
MIGUEL DONOSO PAREJA: Nunca más el mar
ROBERTO PARAMO: El corazón en la mesa
JORGE RUFINELLI: Las infamias de la inteligencia burguesa
RENATO PRADA OROPEZA: La ofrenda y otros relatos
VLADIMIRO RIVAS: Los bienes
LUIS ARTURO RAMOS: Los viejos asesinos
JULIO ORTEGA: Acto subversivo
R. BARTHES, T. TODOROV y otros: Análisis estructural del relato
NOE JITRIK· La lectura como actividad
RENE AVILES FABILA: La canción de Odette
POLI DELANO: La misma esquina del mundo
ALBERTO RUY SANCHEZ: Mitología de un cine en crisis
ADOLFO COLOMBRES: El sol que regresa
EUGENIO AGUIRRE: El testamento del diablo
ENRIQUE GIORDANO: La teatralización de la obra dramática. De Florencio Sánchez a Roberto Arlt
ANGEL FLORES: César Vallejo. Síntesis biográfica, bibliográfica e índice de poemas
MIGUEL SABIDO: Las tentaciones de María Egipciaca
JORGE ARTURO OJEDA: De Troya a Itaca
PATRICIA ROSAS: Las torturas de la imaginación
JORGE RUFFINELLI: El primer Mariano Azuela
JORGE ARTURO OJEDA: Octavio
RAUL RODRIGUEZ CETINA: Flash Back

Esta edición se terminó de imprimir en los talleres gráficos de PREMIA editora de libros, s.a., en Tlahuapan, Puebla, en el primer semestre de 1982. Los señores Angel Hernández, Serafín Ascencio, Julián Hernández y Donato Arce tuvieron a su cargo el montaje gráfico y la impresión de la edición en offset. El tiraje fue de 1500 ejemplares más sobrantes para reposición.